石造りのように柔軟な

石造りのように柔軟な

北イタリア山村地帯の建築技術と生活の戦略

アンドレア・ボッコ
ジャンフランコ・カヴァリア
著

多木陽介
編訳

Flessibile come di pietra

Tattiche di sopravvivenza e pratiche di costruzione nei villaggi montani

Andrea Bocco
Gianfranco Cavaglià

鹿島出版会

本書は2008年にCELID社より出版された

Andrea Bocco, Gianfranco Cavaglià,

Flessibile come di pietra
Tattiche di sopravvivenza e pratiche di costruzione nei villaggi montani に

大幅な加筆と再編集を施し、
オリジナルの日本語版として公刊したものです。

目次

凡例
原註は☆1、☆2…と示し、
訳註は★1、★2…と示した。
訳者による補足は〔 〕で示した。

本書のリサーチ対象となった
北イタリア・ピエモンテ州のアルプス地域

オイコ・ノミ、規則、住環境

ペッピーノ・オルトレーヴァ
Peppino Ortoleva
トリノ大学教授
一九四八年生まれ。メディア、歴史、社会の関わりが専門領域で、多数の著書のほか、文化、歴史的内容の展覧会の創作者としても著名である。この序文に加え、原書の構成において重要な役目を果たした。

今日の住居や日常生活の環境づくりを見ていてなにに驚くかというと、それは、やたらと均一さを目指す傾向である。それは、いくら高いコストがかかろうと平気で皆が同じような環境を「つくり出そうとする」傾向、まったく異なる出自を持つさまざまな個人やグループがいるにもかかわらず、皆が均一なものを求めることに「疑いすら持たない」ことである。

ありきたりな例として、耐温や耐湿のテクノロジーのことを考えてみよう。室内環境を見たとき、しばしば夏のほうが冬より寒く、湿気のある季節のほうが乾期よりも湿気が少ないという逆説が生じているという事態に対して皮肉を言うつもりも説教をたれるつもりもないが、暖房および冷房技術の利用が季節の影響を皆無にしようとするものであることは否定できないし、湿気についても同じことがいえる。また都市部の公共の室内空間の環境も次第にこうした家のなかの住環境に接近し、さらに都市の室内住環境が世界中どこでも似通ってきつつあるということも否定できない事実である。

条件と様式の均一化というこの傾向には理論家も戦略家もいないながら、明らかにしっかりと根付き幅広く支持されている。われわれの生活に関わる例にかぎって言うと、環境にとっても地球レベルの気候にとっても最も破壊的影響をもたらす慣習のひとつであるエアコンは、五〇年代まではアメリカでもステータスシンボルであったが、今日ではあまりに広く普及したため、イタリアでも夏期のエネルギー消費が冬期のそれを上回るという事実はごく当たり前とされている。環境や「オイコス（住居）」をそこに住む者の求める安定した生活条件に適応させるテクノロジーは、それが可能になるやいなや、すなわち経済的条件が許すやいなやすぐに採用される。しかし、生活の様式と条件が均一化するこのような傾向が、人間の進化において（あらゆる種の進化においてと同様）決定的に重要な価値であった「多様性」を抹殺するものであるということもわかっている。

　そもそも多様性がいかに有用なものであったか、また今もそうあり続けているかという認識は、西欧文化の礎を築いたテクストのひとつからも明瞭に浮かび上がってくる。ホメーロス以後の時代の最初の詩作である『仕事と日』のなかでヘシオドスは「お前がどのような運に生まれついているにせよ、働くに如《し》くはなし」★1と書いていた。

　字面から受ける印象と逆に、ヘシオドスは諦めて犠牲になれと言っているのではないし、ましてや受け身で生きろと言っているのでもない。逆にここで強調されているのは、行動すること、怠惰に流されず（「神々が人間の命の糧《かて》を隠しておられるからじゃ。さもなくばお前も、ただの一日働けば、後《あと》は働かずとも一年を暮すだけの貯えが得られるであろうに」★2とあるように、たしかに人間の本性からして、怠惰はわれわれには許されていないものである）、また絶望に沈まないようにすることの必要性である。

　人類は地球全土に広まった。苦労しながらじつに多様な（気候、土壌、植物、動物の棲息などの）条件に適応しつつ、どこへ行っても神や自然、あるいは歴史そのものによって「隠された命の糧」を探しながら、広まってきたのだ。まさにこの適応力において人類という種《しゅ》は、犬など自分たちが適応させた種を除けば、あらゆる生物種のなかでもほかに類を見ない。この適応性というか、自分で自分を飼いならす性向とでも呼ぶべき性質にこそ人類の強さ、またその強さと切り離しようのない横暴さがあるのである。しかし、今のところ人類の最大の横暴さは、攻撃的破壊性のなかでも貪欲さのなかでもなく、思慮に欠けおっとりしたその凡庸さのなかでこそ姿を現わすのである。

★1　『仕事と日』（ヘーシオドス著、松平千秋訳、岩波文庫、四八頁）
★2　同上、一六—一七頁

今日、生活様式の強制的な均一化、安定した条件に身を置き住み着くことのなかに内包された平均化、そして多様性の低下を「批判」することは有用であるだけでなく、おそらく緊急を要する要件である。そこで求められるのは、まず、われわれの文明がこのような方向に進んできた方法とプロセスを意識化することを促し、次に均一さそのものが己の下に隠蔽してしまう多様な差異を識別し、最後に選択の余地がなく適応に甘んずるしかないように見えるところで、可能な選択肢を見極めようとするような批判行為である。

ところで、このような批判には多様な顔があるが、なかでも一番わかりやすいのは、対立する原則や価値観からなる対立項という顔で、その対立項には、自然なもの対人工的なもの、犠牲を厭わない不屈のサバイバー対安楽な生活を崇拝する脆弱者、ニューエイジ好みだが本来ロマン主義の系統を引く「本物」（野生と言ってもよい）対「偽物」（人工物すべて）、伝統神話対技術による野蛮な近代主義、そして節度ある有用性対軽薄な快楽主義などというものがある。

これらの対立項すべての背後には自然と文化という永遠の対立項があり、そこでは周期的に一方が優遇されたかと思うとまた他方が優遇されるということになるのだが、現代ではどう見ても前者が神話化される傾向にあるようだ。

自然対文化、本物対人工的なもの、というこのような対立項やスローガンによる作業の進め方を超克することは、（イデオロギーの終焉は繰り返し叫ばれているにもかかわらず）今なお難しそうだ。というのも最近はあらゆる主題の討論において、各者の論点が要約しやすく、誰もが簡単に自分がどちらの味方でどちらの敵であるかを言えるような、よりわかりやすく、またできれば派手な闘いを見せる論争が好まれる傾向にあるからだ。しかし、こういうかたちで議論を進めるのは、われわれの目標からすると非常に不適切であるどころか場合によっては決定的に非生産的であると言える理由がいくつもある。

まず、環境や地球の運命など、あらゆる議論において強迫的に繰り返される数々の二元論だが、これは、そもそも生きとし生けるものが本来適応しようのない図式の産物なのである。技術と伝統が対立項だと？　人類学の創始者の一人であるマルセル・モースによれば、技術とは「一般的に手を使い、伝統的なもので、ある首尾一貫した目的を果たすべく組織された一連の運動、行為のことである」☆1。機械の時代が爆発的におとずれるまでの何千年という間、技術は「手を使ったもの」であったばかりでなく、「伝統的なもの」、つまり世代を超えて受け継がれるものでもあった。そしてそれらの道具や知恵は、家族や職業的組織にとって、自然の変化や脅威に曝された不安定な生活条件のなかにあって、いかなる物質的な財産よりもずっとたしかなものとして、とても大切に保管されていた財産であった。俗に「伝統主義者」を自称する極右の人たちが技術の支配する非個性的で冷たい社会に対して伝統文化を押し殺すべきではないと声高に訴えるのは、まさしくその伝統の流れが途絶えてしまっているからだが、この人たちはじつは「homo habilis：手で仕事のできる人間、技術者」の特徴が、役に立つかぎりあらゆる手段を使い、受け継いだ知恵や技術を念頭に置きながら新しい道具を利用し、習ったばかりの新たな認識のもとに非常に古い道具を再生させることにあるということを忘れているのだ。

本物対人工のもの、という対立項についてはどうか？ 周知の通り、金属を鍛えることを覚え、またとくに道具を保存し次代へ受け継ぐようになったことで手に入れたその特性とともに人類が登場して以来、この人類という種の生活する環境は、環境へ自らが適応するだけでなく、環境をも（自らの必要に）適応させる数々の実践が積み重ねられた成果として、そもそも「人工的」なものなのである。地中海クラブや「オリジナルに忠実に」修復された村落などの環境は、より「本物」であるどころか、しばしばひどい押しつけの結果であることが多い。以下本書中にも「現地のモデルを踏襲するために」ヘリコプターで遠方から運んできたロゼ（別の地方にあるルゼルナという場所で採れる石製の屋根材）で屋根がつくられた象徴的な例が載っている。そこでは、まるで軍隊のような手段まで動員して、不動の時間を過去のままに固定しようとしているわけだが、それは実際に生きているものや人の時間ではない。

いや、人類の豊かさとしての生活様式の多様性を取り戻すためには、抽象的な価値の対立項は役に立たないのだ。なぜなら、それは人に見せびらかしたり金庫に入れておくべき豊かさではなく、種の

☆1　Marcel Mauss, "La technique du corps", in *Journal de Psychologie*, XXXI, 1936, n. 3–4.

生存の前提としての進化の場、今後選ばれる道や選択肢が実験される場においてこそ費やされるべきものだからである。

現行の諸々の傾向がもみ消そうとする多様性なるものを探し求めようとするならば、価値を単純化したり、すぐ善し悪しを評価したり偏見を持とうとせずに、それらを超克していく必要があるのだが、それには、もうひとつ理由がある。この探求には注意深く耳を傾けるという実践と方法論が必要になるのだが、この態度はすぐにどちらかの側につきたがったり性急に善し悪しを判断しようとする人には体得しづらいし、安心できるからといって安易になるべく早く正義の側につこうとする人にも合わない。

ほかの社会科学とは毛色の違う人類学の言葉遣いに倣って言えば、「フィールド（現実のなか）におること」が必要なのである。人類学というのは白人の権力と当時自分の支配下にあった他者たちに対する白人の好奇心から生まれたが、二〇世紀の間に社会学や経済学、記号学などとは流れを異にする学問として根付いていった。それは、諸感覚の利用を過小評価しないばかりでなく、むしろ逆に大いに諸感覚を活用すること、一見「無邪気すぎるほど」経験に身を委ねることの重要性を謳う唯一の学問であり、また写真やビデオ、録音といった伝達技術の生んだ機械的な人工的補欠物（ギブス）そのものに認識力を認める唯一の学問でもある。分析しようとする対象の多様性をすべて見尽くすまでは分類作業を進めないという謙虚さを持ってフィールドにおりてこそ、生活条件の均一的な傾向の下から幅広い多様性を見出すことができるのである。この多様性とは、多様な生活環境への適応による成果であると同時に、その適応に先んじてその方向を決定してきたものでもある。

本書のもとになった研究は、ひとつの出会いから生まれた。その出会いの一方には、人類学的といえる方法論がある。それは人類学的研究特有の対象であるいわゆる文化というあの全体を掴もうとすることよりも、人類学が対象を観察する見方や聞き方というその方法を利用すること自体に関心を抱きながら、（会話や証言、話し振りや身振りを通して捉えられる）人間だけを対象にするのではなく、むしろ場所および人間のつくったものを対象として適用されていった。そしてもう一方の側には、美と有用性、本物と人工物などの間の厳密な区別には無頓着でやってきた古い伝統の知恵である建築というものがある。しかしここで建築は、完成した作品（家、総合的な建造物）をつくることを目的とする設計の術というよりは、（一見地味に見えるかもしれないが）住むこと、住環境に関する調査行為として、建築の方法と実践の多様性をその具体的なディテールにおいて注意深く見つめる方法論として登場する。

これは、フィールド（現実の場）で起きた出会いであるが（ほかにどこで可能だというのだ）、このフィールドとはじつに特別なフィールドである。それは山という、人が生活するのが最も困難でありながら同時に最も古くから居住地が存在していた場所であり、また抗い難い（自然環境の）抵抗とそれに対する人間の側の知的な取り組み、一見したところ動かしようのない現実と意外な柔軟さなどといった、組み合わせの難しい要素からなる豊かな関係性を記録してきた場所なのである。

しかし、出会いとか環境とか人間の手による取り組みなどについては、この序文で語るべきではない。それらについては本書の本文が語ってくれる。本書は旅の記録として、目、耳、手、書物などを通して幅広く多様な言語と口調で捉えられた多角的な記録の総体として眺められ、そして読まれるべきものである。本書で扱われている建造物をつくった人々同様、この研究も可能なかぎりあらゆる手段を利用しようとするが、それは、潜在的に有効なものはすべて残さず使わないわけにはいかないからである。またこの研究は観察対象として可能なものは何ひとつ見落とすまいとするが、それは、生きとし生けるものにとっての最大限可能な豊かさそのものである多様性を忘れてはなにもできないからである。

序

ジャンフランコ・カヴァリア、アンドレア・ボッコ

本書の動機は物事を観察し、名前とともにその本質を見出すことの学習にある。
われわれの目にとまらなかったり、名付けようのないものは、やがて消滅する運命にあるのだ。

著者

　われわれは（トリノ工科大学の）建築技術専攻の教員で建築工法全般を扱っており、建築科の学生に対する教育においては、設計と施工の様態と具体的なコンテクストとの間にどのような関係があるのかを強調することにしている。そもそも（トリノ工科大学の）建築技術専攻では、何人もの教員が、エンジニアであり建築科の教員でもあったジョルジョ・チェラジョーリ（一九三〇―二〇〇八）の衣鉢を継ぎながら、社会の多様な発展モデルおよびそれらが地球レベルでおよぼす社会的、経済的、環境的な影響に特別な関心を寄せてきた。そのなかでも産業化されていない状況における事例は、たしかに（産業社会の例よりは）単純なので、そこに潜む諸々の関係性は読み解きやすいと言えるだろう。

　われわれはテクノロジーというものを、さまざまなレベル、多様な経済的、文化的状況における人間の必要に応える道具であると同時に、過去の作品（事業）の意味をそれらが生み出された過程を逆に遡りながら解釈するための道具だと考えている。そうやって分析していくと、利用可能だからといって技術を無批判に使っている場合と、新しい目標から派生する諸々の必要性に応えるために新たな方法を見出している例とでは大きな違いがあるのがわかる。産業そのものが、このテクノロジーに支えられた壮大な力をもった組織体系であり、ときには自身が生き延びるためにテクノロジーが使われるこ

ともある。

現在の発展モデルは、今なお主流を占め、とくに（中国などの）高度成長中の国々においてはなんのためらいもなく実践され続けているとはいえ、このまま無制御に続けていけるものではなくなってきたようだ。

こうした発展モデルの危険性についてより明確な認識を持っている国々こそは、これまでに自分たちが犯した過ちがすでに目に見えるかたちで現われているだけに、より小規模で身近なレベルから修正をはじめながら新しい発展のモデルを探求しなければならない。例えば山岳地帯の場合、いったん衰えた経済活動の「回復」の困難さを軽減し、そのことによってその土地が生産力を持った場として息を吹き返すようにする作業が必要となる。たしかに今のところ大いなる遺産が十分な保護を受けず放置されたままという現状に対して、その改修作業はどうしても地元の共同体にお任せの状態であり、その成果も当然不十分なものである。将来的にはこの遺産を有効利用しようとすることが負担とならず、豊かな資源と認められることが期待される。

山岳地帯というわれわれに身近な場（トリノのすぐ北側はもうアルプスである）のことを考えることは、アフリカなどの発展途上の国々の現実に携わることとそう遠くない。ただ、山岳地帯の場合、不安定さを抱えながらもバランスのとれていたその経済が、隣接地域で激しい発展を見せた産業開発によって破壊されてしまったことが明らかになっている。こうした変化の波が過ぎ去り、産業開発のもたらした進歩の実状もはっきりした現在、そこから派生した傷跡を修復することが求められている。概して山岳地帯はこうして引き起こされた損害をたくさん被っているのだ。

なぜ山岳地帯を選んだか

山岳地帯というコンテクストにわれわれが集中して関心を注ぐようになった理由は、複雑でいくつもあるが、われわれの選択を促した主要な理由のなかから以下のものを挙げておこう。


―否定しようのないほどの自然環境の魅力（高い山のことだけではない）。

―環境条件、またそれによる自然環境と人間のさまざまな関係からくる山岳地帯の極限的生活条件。

―極限的条件のおかげで人間の諸々の活動のなかの論理性、多様な要素間の（偶然でない、非常に繊細な）関係性などがより明確に見えてくること。

―幾世紀も経た人間の労働が生み出した「意味」（人間化された風景、網の目のように広がる小径、村落の形態など）の痕跡（そのいくつかは現在も生き生きと残っている）を今なお見出す可能性が大きいこと。

―地域の資源を有効に活用していること、持続を目的としていること、小さな所に見える知恵（「資源が乏しいときほど脳はよく働く」と諺にもいう）など、山岳地帯の住民の文化を特徴づけているものがある。

―山岳地帯が定式化されず口承を通して伝えられてきた偉大な経験の舞台であること。そこでは方言による物事の呼び名を知っているかどうかが決定的な要素となる。

―言語（方言）が地域によって変わるにつれて建築様式にも差異が生じることが認められること。

―口承伝統が途切れることで今や失われようとしている偉大な文化遺産があること（今の高齢者たちはもう自分自身の直接の経験からというよりも家族に語り継がれた記憶として多くのことを覚えていることが多い）。

―山岳地帯が持続可能な未来のための理想的な実験ラボであるということ。

―産業化、都市化の波に脅かされていない、かなり広い豊かな自然区域があること。ここには自然資本（森林、放牧地、農地、また鉱物、水、多様なエネルギー等々の多様な資源）や放棄されたままで修復を待っている村落などもたくさんある。

―過去の事例を読み解くことで、場所や資源と目標の間にあった一貫性に富んだモデルを（将来の作業に対して）示すことのできる場としての山の価値。

しかし、これは単に山についての本ではない。いやむしろサステイナビリティを考慮した発展のモデルについての学際的な研究への関心を呼び覚まし、そうした知識の普及をめざそうとする試みである。山はこの議論に具体性を与えてくれる媒体である。

この本の視程は、未来、それも建築が「グローバルな思考を備え、大地と自然への愛情に根ざした人類の創造力」を表現することができるような未来を見つめている。「その暁には建築は、過去の建築物のなかにわれわれが見出せる調和をおそらく構成していたところの、それぞれの土地における物質やエネルギーの流れとの関係を取り戻すだろう」☆1。また本書の紹介する事例においては、そこに掲載された対象の性質上（非破壊的な作業、適切なマテリアルと工法の利用、そしてとくに周囲の環境におよぼす影響度の制御を基本とする）「デリケート」なテクノロジーが必要とされているのがわかるだろう。

そうするために（本書は）伝統的なアルプス文化のレパートリーから採取されたさまざまな断片を用い、それらを解読、解釈しながら、フォルムではなく、土地特有の成果のなかに潜む原則をすくい上げようとするものである。郷愁にひたるのではなく、それぞれの土地の知と技術をいくつも記録し、その現象学を語ろうと努めている。そこからヒントを得、リスペクトを持ってそれに近寄り、そこに（あらゆる意味において）より良い住み方の可能性があることを認める方法を示唆するために。

リサーチの方法

われわれのリサーチの基本は、なによりもまず地域内をくまなく歩き回ることであった。それも気候的に最も明確な特徴の見られる標高の高い所（スーザ渓谷、キゾーネ渓谷の上のほう）からはじめた。

新たにリサーチする機会☆11が訪れて、標高の低い所（場所はやはりスーザ渓谷）へ移動したときには、標高の高い所で明確であったさまざまな条件間の関係性が見失われるのではないかという恐れがあった。

しかし意外なことに標高を下げたことで以下のようにさらに多くのことがわかった。

—ここでもやはり観察するには地域内を歩き回る必要があった。標高の高い所では（足の）ほかに方法がなかったのに対し、より高度の低い所では自動車が移動には便利であったが、予定の場所に行き着くため、また基準となるポイントや行程を記す痕跡を見失わないために、次第にごく自然に徒歩で移動するようになった。

—徒歩で移動することで、自動車で移動していたら不可能であったろう、ゆったりとした観察のテンポが生まれた。

—地元の人々の話のおかげで、例えばさまざまな活動やお祭りなどが行われていた場所が明らかになった。われわれが受け取った情報を確かめるには自分たちでそこに行く必要があった。

—標高の低いエリアは、夏期にはより標高の高い所で行われる諸活動を補足するような作業が特定の時期に行われる場所であった。したがって、年間を通してのさまざまな活動の場所を検証するための行程をもれなくカバーするために再び高度を上げて調査をすることになった。

標高の低い所でのリサーチに関して懸念があったように、たしかにそこに合わせて観察力を調整し直すのに思った以上の時間がかかった。

最初に調査した地区との比較をし、またそれぞれの土地で採れる石の地質学的多様性をより正確に把握するために、ピエモンテ州のアルプス地方すべてを対象に実地調査が行われることになった。可能な場所では地方公共団体なども含め、調査を助けてくれるような対話相手を探すことになった。

しかし、いわゆるインタヴューは行わなかった。インタヴューをする方法論を持ち合わせていなかったし、見知らぬ人にものを聞くというのは、その人を煩わせるだけでなく、つねに非常にデリケートなものだからである。とはいえ、結果的にそれなりの分量のヒアリングがなされた。リサーチのための写真を撮ってくれていた女子学生たちには、土地の人につねに耳を貸すよう説いておいたが、あとは彼女たちのごく自然な礼儀正しさがものをいった。彼女たちはとくに何といって質問する必要もなかった。彼女たちが出会った人々は、自分たちの話、経験談をどんどん話してくれた。皆、自分たちのことに関心を持ってくれる人がいることを、自分たちのアイデンティティが隠すべきようなものではなく、見直されるべきものだということを知ってとても喜んでいたのである。

観察は同時にさまざまな次元で行われた。まず物の次元、土地の一区画や個々の建物の次元、村落の次元、いくつもの土地の区画が集まったまとまりの次元、村落間を結ぶルートの次元、そして異なる標高差の間の多様な関係性という次元などで。

物の次元の観察を通して、人間の行為（石や木の加工など）の意味が見えてくる。そこでどのような道具を使っているか、また道具そのものはどのように製作されているか、そして生活の糧を得るためにどのような農耕があるのか、何を食べているのか、食糧の保存はどうやっているのか……。多様な物、金属製の道具、そして手仕事のなかに、われわれはいつも大いなる経験の豊かさと、反復される行為のなかで研ぎすまされていった（用途に対する）知的な解決法の存在を見出した。それは、時間のなかで積層された多様な経験の成果であり、それらはその「実践的な知性」によってわれわれを驚かせてくれた。この「実践的な知性」は熟考に値するが、その好例が以下の文章に見られる。

ラテン語の *intelligentia* という語は、おもに抽象的な内容を理解するという意味での、典型的にインテレクチュアルな知性を指すための言葉である。

一方、賢明で知的な人のことを定義するのに（古代ローマ人はラテン語の）*callidus* という語を使っており、またそういう人の能力は *calliditas* と呼ばれていた。したがって、とくに民衆およびギリシア化されていなかった人々が知性を指すのに *calliditas* という語を使っていたといっても、間違いではあるまい。通常、われわれはこの語をイタリア語に訳すとき〝abilità〟（能力、器用さ）、〝destrezza〟（巧妙さ、手際の良さ）、〝prontezza〟（機敏さ、敏速さ）などという訳語を当てているが、オリジナルな意味に最も近い意味を伝えようとすると「経験、実践からくる物事についての知識」ということになり、そこにその後、多様な意味が与えられたのである。この解釈は、普通 *callidus* が〝esperto〟（熟練した、経験豊富な）、〝abile〟（有能な、巧みな）と訳されているのを正当化するだけでなく、もうひとつの問題点に気づかせてくれる。じつは、興味深いこ

とに *callidus, calliditas* という語およびそれに関連する動詞の *calleo* のいずれもが、歩きすぎて足の裏にできる「魚の目」や、重労働で手にできる「たこ」を意味する言葉 *callum* から派生しているのだ。

　ここまできて *calliditas* という語の本来の、真の意味に辿り着くことができる。それは、経験によって得られた知性、賢明さ、（それと実際に取り組んだことがあるがゆえに）経験から物事を理解できる能力のことである☆III。

　この文章はさまざまな概念と直接の経験の関係を簡潔に説いている。この仕事に手をつけるにあたりわれわれはいろいろな解釈を想定することはできたが、地域を歩き回って情報を集め、また再び同じ場所に戻り、ゆっくりと時間かけて必要なだけ歩き回ってはじめて、それ以上のことがわかってきた。そしてそのおかげでさらに以下のようなことを知る必要を覚えた。

―生活の糧となるものの耕作について
―ハーブ類、そのほかの植物について
―各種の石（いくつかの種類のものは壁の構築に向いており、そのほかの石は石膏や石灰の原料になる）について

　学校で学んだ記憶や資料的研究というものは、直接的な経験に結びついていないかぎりあまり役に立たないということがはっきりした。知識に実践的な abilità（能力、器用さ）が結びつくことで、destrezza（巧妙さ、手際の良さ）や、prontezza（機敏さ、敏速さ）も出てくるのだ。そして応用するなかである自信が生まれるが、それはまた別のレベルの知識なのである。またわれわれだけの知識と能力では、調査対象となっている数々の場所を十全に解釈できないことにも気がついた。より専門的な知識の助けはつねに必要なものである。山でわれわれが試したこの研究方法は、よりわれわれに身近なコンテクストに応用することもできるだろう。

成果

　地域内を歩き回って観察したものは写真とメモに記録された。そして現地調査の報告書を製作する段階で写真に写ったものを検討しながら、またいくつか究明すべき主題が見えてきた。そこで図書館で調べたり、専門家の意見を聞いて問題を掘り下げたり、もう一度現場に戻ってより注意深く観察し直すことで、目的をはっきりさせ、それまでの調査で十分収集されていなかった情報をさらに集めていった。

　写真をきっかけにコメントが生まれ、さらなる説明が必要になったりした。写真を読み解きながら、しばしば写真に写

された対象の建築様式を模しながら図に描くことになった。それは実在物を別のかたちで読み直す技術的解釈作業だが、身の回りの現実の豊かさを発見するこの方法を読者と共有するために、以下のページにもそうした図を載せることにした。その意図は各項内の図版の構成からも見てとれるだろう。そこには、まず大きなメインの写真が一枚、そしてそこで問題とされる中心概念を要約するタイトルのようなフレーズとその被写体の意味を理解する助けとしての短いキャプションがくる。そしてその後に内容を掘り下げるためのもう少し長い文章とそのほかの図版が続く。巻末には参考文献も含めた注（原注）を載せた（訳注は各項の本文末尾に記載）。

写真、図、そして文章は、読者の関心と好奇心を掻き立て、こうした分析の学際性と複雑さが今後の取り組みにとっていかに必要な条件であるかということを示すように選択されている。

収集した情報のおかげで、われわれはこれらの土地をよく理解し、土地の歴史にもぐり込み、これらの土地を重要な証言として認識しはじめたが、この「証言」は、以下の現象を語っていた。

—その土地の生活条件
—しばしば境界を越えて行われる季節的な活動
—給与のあるなしは別にして、労働に見られた多様な変化
—新たに手に入るようになった物資による生活様態の変化
—生産活動の変化
—新たな生産モデルに対応しないいくつかの活動の停止

また、保護、保存に関する法規の多くが、山村の人々の目標実現（そこに住み、生活していくこと）にとっては不適当であることがわかった。こうした法規が引き起こす影響についての現場での直接の検証が欠けていたからである。規制条件には立法側の意図ばかりが強調され、ローカルな極小レベルの生産よりも大企業の生産が優遇され、それらを両立させるだけの作業が欠けていた（やる気もなかった）のである。山に住む人々に対して行われた規制行為のなかには、ときにはおそらくそれが意図したことではなかったとはいえ、彼らが山を放棄する決定的なきっかけとなってしまったものもある。実際、現代の発展モデルは、個人と地方の共同体の自立性を縮小させてしまい、今日では各個人は自立していくのに必要な能力を失い、共同体というものももはや存在しなくなってているのだ。

しかし、われわれはこの地域における活動の再開を促し、山を生きた場所として成り立たせていくのに必要な一連の動機が残っているのを、山の上のほうだけでなく、下のほうにも見出した。ここが重要である。生産性なしに山をただそのまま保護してもしかたない。その土地が新たな地域経済力を

持ち、新たな設備投資を促進し、そして新たな発展モデルを考案することが要求される。山を単にバカンスを過ごしたりスポーツをするための環境と考えてはならないのだ。

それ自身の文化、伝統、そして数世紀の間につくり上げられてきた偉大な労働の成果を多く抱える山という場所は、今一度見直し、評価し直すことで、そこが生産力を持った場所に戻るべく計るに値する豊かさそのものが見えてくるのである。山間部の各地はどこもつねに複雑な社会経済体系の一部であったわけで、それなしには存在できないはずである。したがって今日これらの場所が疎外化されていることは、環境保全などを考えると都合のいい点もあるが、同時にそのためにより一層の自立力も要求されることになる。

産業社会の魅力が半減してきた今日、こうした場所に魅了され、これまで（都会で送ってきた生活）とは異なる生き方を求めようとする人たちは、環境を尊重し、環境上必要な諸々の制限とそのような環境に身を投じるという選択に含まれる文化的価値を意識しながらも、経済的可能性や現代的テクノロジーの観点からも不自由のない生活を山で体験することができるだろう。

さらに言うと、アルプスの山岳地帯の建築物は、それが建っている場所の自然的、社会経済的環境、そしてそこで行われる多様な活動との関係なしには存在する理由がないとわれわれは考えている。また、そうした建物を改修して使う場合は、技術的に現代化され、環境負荷を低く保ったものにしなければならないから、そこで問われるオーセンティシティ（本物としての価値）も当然新しい解釈に沿ったものであり、ただもとの外見を保てばいいというものではなくなってくる。

われわれが達成できなかったこと

このリサーチのなかで五〇〇〇枚以上の写真が溜まった。その一枚一枚にキャプションを付け、われわれの写真アーカイブ☆Ⅳの検索用語としてそこで使われる建築用語をすべてキーワードとして利用可能にしようと思っているが、トレント文化研究所（Istituto Trentino di Cultura）と数年来進めている建築建設用語の多言語検索エンジン「ArchiWordNet」の実現をめざす共同プログラムをはじめることになったのも、じつはこの作業がきっかけであった。

上記のような機能を持つ写真アーカイブは私たちにとって大いに有効な手段となる。口承伝統の経験を実際の建築物の様相に結びつけ、しかも常に現在利用できる改訂された状態で保持してくれるからである。

こういうかたちで作業を進めることで、さらなる可能性がいろいろ見えてくるのだが、いずれもまだ実践には至っていない。例えばこの研究に協力することを受け入れてくれた山間部に住む人々の家族の写真は、彼らと会ってまた話を聞くときのためのいい助けになるし、直接的な情報を集めるためにも便利である。彼らとの対話を促し、彼らの記憶を呼び覚まし、自分たちの家族の話をしてもらうための非常に有効な手段ともなりうる。さらに、ひとつの家族の物語はまた別のいくつもの家族の物語を呼び、徐々に地域全体の物語を構成していくだろう。

おわりに

研究成果をこの本のかたちで発表することはたいへんな作業であり、われわれだけの力ではとても達成できなかった。意図していたがなかなか困難だったのは、いかにもアカデミックな形式を避け、（ここで扱っているテーマは、どんな人にも読んでもらわなければならない内容だから）誰もが瞬時にわかるような内容にすることであった。

簡潔で明瞭であることがわれわれのめざすところだったが、写真がそのいい手段となった。写真に付せられた言葉は写真の内容を解説するガイド役、その後に続いた文章は解釈の助け役となった。

かくしてわれわれは研究チームを拡大して、われわれの能力とは異なり、それを補足してくれるような専門能力を有するひとりの人物とひとつのグループを巻き込むことになった。メディアの理論と歴史の教授であるペッピーノ・オルトレーヴァ教授は、自身のメディアスフェーラ社の社員とともに本書のコミュニケーション的側面および出版のプロジェクトを進め、さらに序文を書いてくれただけでなく、われわれと一緒にグループでの問題考察にたびたび参加してくれた。この関係は今もなお続いている。

二〇〇八年二月二六日、トリノにて

☆I　Luigi Sertorio, *Vivere in nicchia, pensare globale*, Torino, Bollati Boringhieri, 2005.

☆II　ピエモンテ州に呼ばれてわれわれが参加した、アルプス地区共同体のプログラムとして実践されているクルトゥーラルプ・プロジェクト。Marinella Olivier, Patrizia Borsotto 編集の *Metodologie per il recupero degli spazi pubblici negli insediamenti sotici. Progetto Culturalp: Conoscenza e miglioramento dei centri storici e dei paesaggi culturali nel territorio alpino*, Savigliano: L, Artistica Editrice, 2005. を参照のこと。

☆III　Franco Agostini, Nicola Alberto De Carlo, *Giochi dell'intelligenza*, Milano: A. Mondadori, 1985, pp. 9–13.

☆IV　この件についてはGianfranco Cavaglià著 *L'analisi fotografiche e la comprensione del costruito*, Torino: Celid, 2001. を参照のこと。

1 テリトリーと村落

山は繋がっていた

ソリーヴォの山〈ヴェルチェッリ県、
ボッチョレート村（二二一人）〉

- これは、ラバ道である★1。
- 各段の奥行きは、（歩みを滞らせることがないように）必ず同じ利き足で段を上がれるように人の歩幅の二倍にしてある★2。
- これは、経験に密接した人体的モジュールであり、こうして人間を基準にしてつくられた道は、そこを歩く人間をある一定のリズムで歩くようにしむける。
- 段上を水が流れないように、山道の左右に水がはける仕組みがある。
- 石造りの階段は、各段を端（写真では右端）でしっかり固める石、山側の縁と各段の仕切りに縦に切り込むように挿入された薄く長い石、そして石畳的に各段の面を舗装する小石からなっている［図1］。

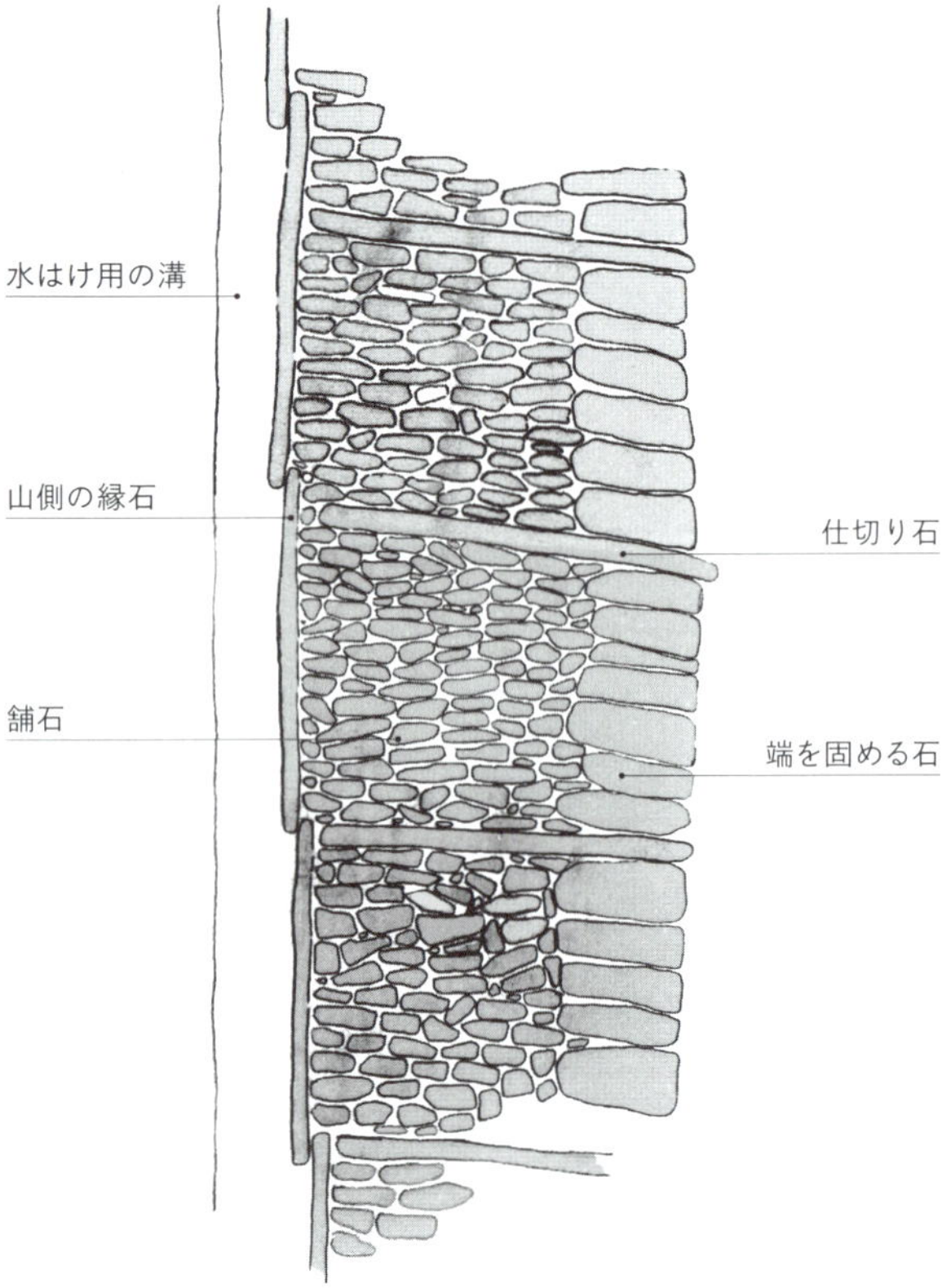

↑［図1］左写真の石造りのラバ道の構造図解

かつて、この地方で山村が多数点在した地域は、各村をつねにアクセス可能な状態に保つべく、密な山道のネットワークに覆われていた★3。これらの山道は、谷底と高地の居住地とを垂直に、あるいは、山の中腹に立っていた山村同士を水平につなぐ機能を果たしていた。荷車などが通っていた谷に並行して走る主要道路も、なるべく谷間の洪水の危険のあるエリアを避けるべく、ある標高を保って山腹につくられていた☆1。（この山道のネットワークのおかげで）たいてい尾根を越えて反対側の斜面へと行くほうが、谷底へ降りて川を越えたり川に沿って移動するよりも容易であった。

それは、文字通りのネットワークであった。場所によって行程に難度の差異はあったものの、すべての場所がほかのすべての場所とつながれていた。荷車が通るような道はほとんどなかったが、ラバ道が多数あり、歩いて行くしかない小径もいくつもあった。季節によっては通行不可能な場所もあったが、ほかは通年で通行可能なように手入れされていた。主要なラバ道には、排水用の水路と休憩所になる低い側壁が装備されていたので、そこに荷籠を置いて休むことができた。また、「ラバ道沿いにあった礼拝堂のいくつかには、ポルティコ（アーケード）があって、悪天候の際には雨宿りをするのに役立った」☆2。

ラバ道のなかには、進行方向に沿うかたちで石の板を道端に立てることで、深い雪が降った際にその積雪を測る目安にしていた場所もあった。また、いくつかのカーブには、土手に段差がついていて、操作する人が下る際に足をそこに踏張ることで橇を減速できる仕掛けになっていた。

このように長期間存続すべく設計され、相当な労力をかけてつくられたいわゆる「民衆工学」によるインフラ（石畳を敷いたラバ道、橋など）は珍しくはなかった。

山道のネットワークに対しては、共同体が組織するメインテナンスと雪かき作業が絶えず施されており、いずれも土地の所有量に応じての当番制であった。市町村がその作業に何人要るかを決め、チームを編成した。作業は対価を得るものではなかったが、参加したくなかったりできなかった者は、その分の料金を払い、それは、仕事に従事した者たちの間で分配された。この手の（貨幣を基盤とはしないが）経済的に力のある活動は、戦後まで続いていた。

これらの山道のつくりを見ていて驚くのは、その実現と維持に必要とされた作業の量である。実際こうした建造物は、数世紀を経てもびくともしないでいるが、これほどの作業を誰かが今日コミュニティのためにしてくれるというのは、考え難いことである。

今日、ある場所がアクセス可能かどうかの区別は、自動車の通行可否を意味する。移動という観念自体が自動車を基準にしているからだ。現在もわずかに残る（自動車が）通行可能な道路というのは、大半の住民が他所に移住した後にかなり遅くなってから建設されたもので、低い谷側を走る主要道路から尾根側に向けて櫛の歯状に伸びているが、そのほとんどがネットワーク状ではなく、奥まで行くとその先のない袋小路であり、かつての山道が持っていた性格とは本質的にかけ離れたものである。かつて同じ山の両側の山腹を繋いでいた緊密な関係はほとんど失われ、過疎村の再生は新しい道が近くにあるかどうかにかかっているが、山道のネットワークを張り直さずにただ個別の山村を繕って再生しようとしても、山という環境を真に再生することにはならないと言えるだろう。

★1　ラバ（馬とロバを交配した種）は、イタリアでは労働用に頻繁に使われた。このラバ道は、おもに上り用として設計されているが、当然下り用にも使われる。
★2　もちろん、すべての山道がこうつくられているわけではない。
★3　かつて非常に多数あった山道のほとんどが現在は利用不可能な状態にあり、現在、山村間のネットワークは完全に途切れてしまっている。

［図2］丸太を担いで山道を上るラバ

1 テリトリーと村落

重力を活かす

ブッソレーノ町（六〇〇〇人ほど、トリノ県）の日陰（北）側斜面

- これは橇道（主に下り用）である。運搬用のインフラ。
- 雨水を集め、排水する側溝がある。
- 近隣の畑をつくるために取り除かれた石を積んでつくった側壁がある。
- 休憩用に荷を置く場所がある。

かつては、荷を積んだ橇で下ることを想定して特別につくられた山道が多くあり、石で舗装された箇所もあった。ラバ道や橇道のなかには、不揃いで粗い小石で表面が完全に舗装されている道もあった。舗装がなされていない部分は、橇が通る所に六〇センチから八〇センチ幅で橇の跡が掘りつけられたものだ。こうした橇道は、場所によっては最大傾斜を活かすかたちで、また傾斜の急な所では逆にあまりの急勾配を避けるかたちで道が敷かれていた。

山村の共同所有下にある主要な橇道では、道の両脇には石板が縦方向に埋め込まれ、しっかりした縁止めとなっていた。一方、重要度の低い橇道の場合は、ちょっとした縁があるくらいだった☆3。

道沿いには多くの場合、休憩用の場所があり、そこでは、低い側壁の上に座ったり、柳や籐製の荷籠を置くことができた。

とくに傾斜のきつい箇所での運搬には段差のついたラバ道を通るよりも、冬を待って雪で覆われた道（滑りがいい）か、ともかく滑らかな斜面を橇で運ぶことが好まれ、重量のある製品（藁、香草、堆肥、木材、炭、牛乳、チーズ、石材）の運搬は可能なかぎり重力に従って山道を下るかたちで行われていた［図3］。この事実が示すように、山道がたいへんな努力によってつくられたのと同時に、それをいつ、どんな条件のもと

［図3］家畜の敷き藁の代わりに使う落ち葉を橇に載せて山から下ろす人たち。スーザ渓谷のサン・ジョリオにて20世紀初頭に撮影されたもの

で効果的に活かすかという知恵が働いていたことを忘れてはならない。

ひとりの人間は八〇—一〇〇キロ運ぶことができるが、ラバなら一二〇—一五〇キロ、山で使われていた橇（土地の言葉で ésa da fiòca とか lésa da tren と呼ばれる）を使えばだいたい三〇〇—四〇〇キロを運ぶことができた。そして荷の種類、地面の状態、また誰が引くか（人間か動物か）に応じて橇にも多様な種類があった。例えば石材の運搬ではラバかロバが牽引し、通常の橇よりも頑丈で寸法も大きな大型の橇が使われた。

人間が引く場合は、二、三人掛かりであった。ひとりが両手に柄を持って前で舵を取り、ほかのふたりが後ろからロープを引きながらブレーキ役を果たしていた。とくに勾配の急な所では、荷に押しつぶされないようにするためにそれなりの熟練が要求された。一方、藁、木材、落ち葉、肥料などを運ぶ場合はひとりで十分だった。そして軽い荷のための橇もまた軽量だったので、人々は帰りの山道にそれを担いで上ることができたのである［図4］。

また、橇の地面に接する部分（ブレード）には、たいていトネリコ、ブナ、楓などの木が使われ☆4、落ち葉や堆肥を運ぶ際には荷が崩れ落ちないように橇に網を掛けることもあった。

人間でも荷籠を背負うことでかなりの重量の荷を運ぶことができた。重い荷を運ぶことができるということは、このような社会的文化的コンテクストにおいては、共同体の人々の尊敬の対象となり、人はそれを誇りにしていたものである。当時の日々の労働が、現在ではスポーツジムでの運動に取って代わったように、ここにはちょうど今日のスポーツを取り巻く闘争と賞賛の心理に対応するものもあったと思われる。

［図4］谷まで荷を運んだあと、橇は背負われて戻ってきた。1970年ごろの写真

1 テリトリーと村落

偶然に任されたものはなにひとつない
――村落の形態 一

ソリーヴォ村〈ヴェルチェッリ県、ボッチョレート村（二一人）〉

- 完全な日照を得る南斜面が選ばれている。
- 土地の傾斜が資源となる。
- 勾配を活かすことで建物同士が互いの日照を奪わないようにできている。
- 建物の階高は谷側が三、四階、山側が一階となるようつくられている。
- この村落にとって、太陽はなによりの主要財産である。

ソリーヴォという村の名前には、その語源★4からして、村の建物が浴びる日照の意味が含まれている。かなり急な土地の勾配を利用して（たいていは四階建ての）家々が、互いにほとんど陰をつくることなく、しかもわりと密集した集落を構成している［図5］。

この勾配は、垂直方向の空間配分にも活かされている。この地域の伝統的な家では建築内部に階段があることは稀で、各階へのアクセスには、外部、しかも別々の壁面にある入り口が使われた。一階の納屋へは南側の正面から入るが、途中階へは側面から、そして最上階（干し草置き場）へは北側の後部から入ることになっていた。

——

村落の形態は、日照にかぎらず、土地の環境へ適応するための非常に繊細な配慮を反映している。山岳地の村落は、その土地の資源との密接な関係のなかから生まれ、またそこに耕作の可能性がどれくらいあるかによって発展してきた☆5。そして村落間の距離とそれぞれの村の大きさは、土地の生産力に応じて決まっていた。居住地と周囲の環境の関係は、その場所が提供する自給自足能力の維持に関する諸規則によって調整されており、これを無視すれば、住民の生存が危機に曝されることになった。このようなデリケートなバランスの維持は、とくに地元で手に入る資源の量と住民の数の間に平衡関係を保つことができるかどうかにかかっていた。こうして、人口は、ある平衡的な数値を中心に上下していた☆6。近くのブッソレーノ町の地域でいうと、一八九〇年から一八九六年の間の平均収穫を見るかぎり、戸籍に登録された人口（四八〇五人）をわずかに越えるだけの人数（五〇三五人）を養う生産力があったことがわかっている☆7。

要するに、必要からくるものだが、人間と環境の間にホメオスタシス（内部環境を一定の状態に維持しようとする傾向＝恒常性）的な関係があったということであり、かなり正確な数値に近いところを人口が上下していたということは、そこに、人々の生活と土地の自然資源の活用度を調整しようとする社会的「企図」が働いていたことを示している。

「一方で疫病の猛威が治まり、他方でアルプス地域のエコシステムに柔軟性を与え、気候が悪化した時にも抵抗力をもたらしてくれたジャガイモの導入があったことで、一八世紀の間に死亡率は決定的に低下しました。それ以来アルプス全域において出生率と死亡率は、周囲の平野、丘陵地帯よりもはっきりと低い数値を記録しながら、注目に値するほどの均衡を保っていました。山岳地帯においては、中腹や谷間の低地よりも、標高が高い所ほどたいてい低い数値でした。したがって、産業化以前の時代に関しては、『アルプスの人口は繊細に均衡を保つホメオスタシス・システムのように調整されている。そこでは、出生率は、死亡率と入手可能な資源量の変化に伴い、結婚率のもたらす調整機能を通して調整される』と言ったトーマス・ロベール・マルテュスの説が確認されたと言っていいでしょう。山岳地帯では、死亡率が低下すればするほどそれに呼応するかたちで必然的に結婚率は下がりました。なぜならば、入手可能な資源の量はほぼ決まっており、人口の増加を支えることができなかったからです。ジャガイモの導入によって入手可能な資源量が大幅に増加し、結婚する人数、そして土地を所有する家族の数も大幅に増えましたが、耕作可能な耕地の総面積は基本的に変わらなかったので、各戸が耕作できる耕地の平均的面積は減少するしかありませんでした」☆8。

新たな居住地を計画する際に維持可能な最大の人的負荷の数値を計算するときなどがいい例だが、ある土地で入手可能な資源の量は、プロジェクトを進める上での基本データとして考慮されるべき要素である。統計と税収目的から昔の地図（一六四―一六五頁参照）には、土地の一区画ずつの生産能力が記載されていたが、現在ではもうこの手の情報を地図に載せる意義が認められなくなっている。

★4　ソリーヴォ（Solivo）という村の名前そのものが、イタリア語の太陽（sole）に由来している。

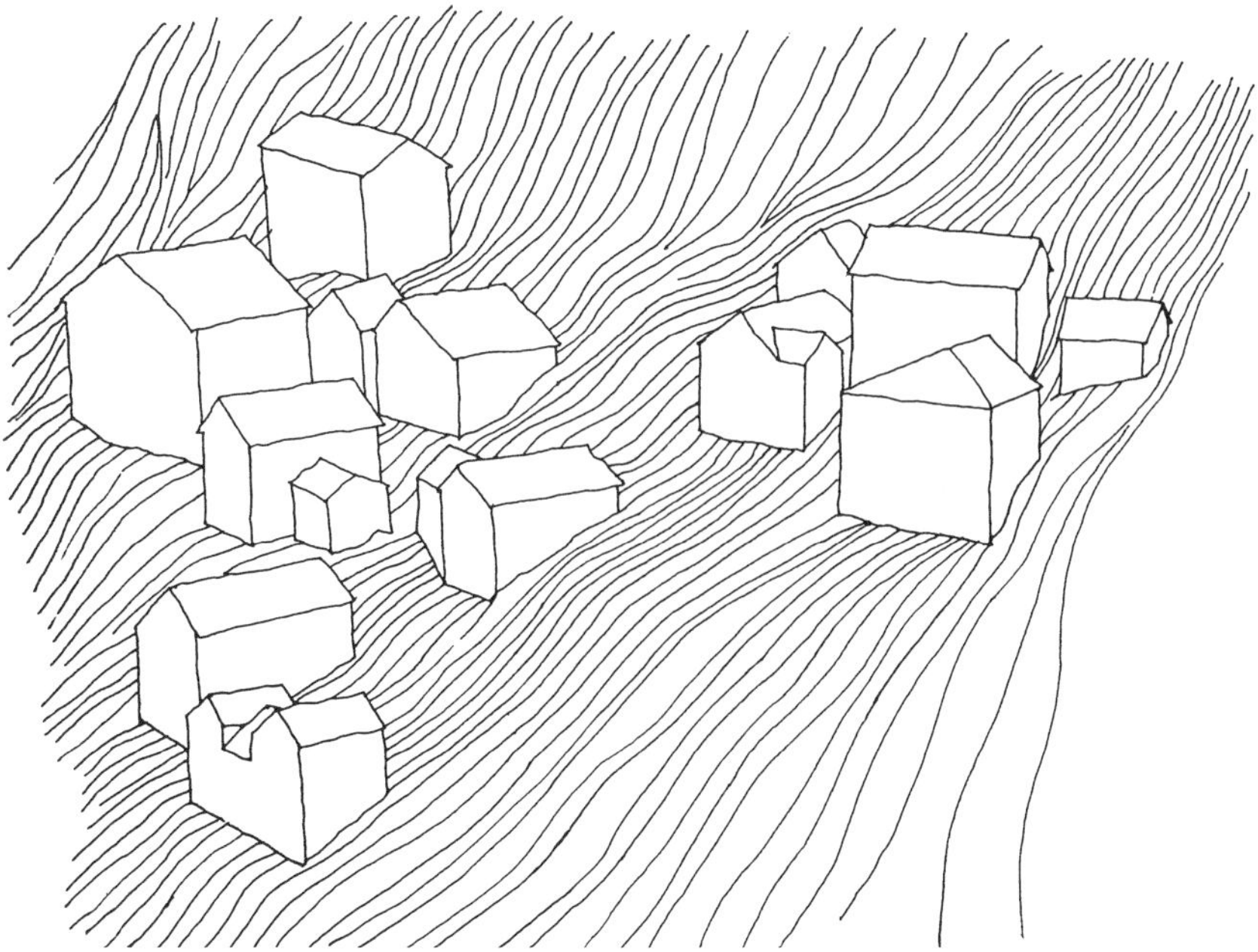

［図5］ソリーヴォ村のドローイング

1　テリトリーと村落

環境のあるがままのかたちに従う

——村落の形態 二

テュレス村〈トリノ県、チェザーナ村（一〇〇〇人）〉

・同村の中心部。
・自然発生的な集落だが、その形成はまったく無頓着な偶然任せではない。
・最大傾斜に沿って建物が階段状に並ぶ。
・各建物の正面はほぼ西南西を向いている。
・墓地付きの教会がある（標高約一四五〇メートル）。

テュレス村の集落は、火災発生の際に全体での被害を抑えるため、互いに少し距離をとった五つの区から構成されている☆9。それぞれ固有の名前のついた五つの噴水（給水所）は、この五つの区のものだろう。村の正面はわりと急な斜面に沿って西向きである。最大傾斜に沿って立つ家々は、横から見るとまるで階段状に並び、どれも自分のすぐ谷側の家より一階分高く抜け出るかたちで立っている（前頁写真）。

山村の建物は通常、谷に対して真正面に向くかたちで建設されるので［図6］、（南向きならば）普通棟木は東西方向に走ることになる。街を抜ける主要道路は、だいたい標高一六八四メートルの等高線に沿うかたちでくねるように走り、山側の墓地付きの教会と、一六二三年につくられた谷側の皇太子領のシンボルが付いた八角形の噴水の間を通り抜けて行く［図7］。家々の間には等高線に沿うかたちで、あるいはそれに垂直な方向に、多数の細かい道が走っている。

新たな村をつくるためのサイト（場所）の選択と村落の形態の決定作業は、地形、日照、（水害、雪崩そのほか）多種の危険度、山道の状態、耕作可能な土地の状況などを考慮しながら、きわめて慎重に行われた。

村落はできるだけ南か西向きのとても日照条件のいい所につくられた（三二一―三五頁参照）。崖崩れや雪崩、地滑り、洪水などの危険のある場所、また谷間を冷気が吹き降りてくる場

［図6］テュレス村を反対側の斜面から臨む

所や湿気の停滞する場所は避けられた☆10。

山の中腹というのは、微気候の観点からも最も条件がいい（平地に比べ、平均で熱分散★5が一七パーセント少なくて済み、気温も二度高い。ちなみに谷底では熱分散は二五パーセント多く、気温は三度高い。尾根部では熱消費は一〇パーセント多く、気温は一度低い☆11）が、またその位置は地層の割れ目から地下水が湧き出る可能性が高いので、生活に不可欠な水が豊富な利点もある☆12。

村落は耕作地の近くにつくられたが、建設によって肥沃な土地が減少するのを最小限に抑える注意が払われた。これは現代において、農地に適した平地がどんどんあらゆる建設物に占拠されていってしまう状況と正反対である。われわれは今、自らの手で自分たちの食の供給源となる耕地をますます消滅させていることを再認識しなければならない。

★5　断熱、保温が不完全なために、ある空間や物から熱が消失する分量。

［図7］テュレス村の中心部の地図（色の薄い部分が建物）：
等高線に沿ってきれいに建物が配置されている（上が山側、下が谷側）

1 テリトリーと村落

標高差を活かす

トリノ県、ブッソレーノ町
上：夏期の放牧地
（バルメッタ・インフェリオーレ、
海抜一五一五メートル）。
中：夏期の居住地
（ピアン・チェルヴェット、
海抜一二八二メートル）。
下：冬期の居住地（バローニ村、
海抜六〇三メートル）。

この地域では通常、各戸は標高差のはっきり異なるふたつの場所に土地付きの家を所有していた。標高の低い所か谷底の地域の村におもに冬期に利用する家（Cà）を一軒、そしてそこから標高差にして四〇〇―六〇〇メートルくらい高い所に夏期に泊まるための家（muanda）をもう一軒☆13。いくつかの家族がそれぞれ住むためのこの夏期用の家が数軒まとまってできた、聖人の像などを祀る小さな祠や小礼拝堂もある小規模の集落の周囲には、果樹や春に収穫する穀類、ジャガイモなどの畑、灌漑設備のある牧草地などがあった。

また、夏期用の家よりもさらに高い所、標高でいうと二三〇〇―二四〇〇メートルくらいまでのところにある放牧地帯には、アルプ（alp）と呼ばれる小屋が点在しており、放牧作業をする際に寝泊まりしたり休憩する場所として使われていた［図8］。

いくつかの地域では、「放牧の季節のはじめに一家の者が『山入り』する時と、季節の終わりに『山下り』する時には、それこそ本格的な引っ越し騒ぎとなる。山小屋に台所設備一式、酪農用具一式、小麦粉の蓄えとジャガイモ、シーツと毛布を持って行くのだ。村にいるときと同様、燃料、薪、落ち葉、乾燥した糞などを大量に保存しておく。また、鶏、ウサギなど中庭で飼う動物をラバの引く籠に入れてみんな連れて行く。豚も山に連れて行くし、ミツバチまで連れて行くことになる！　はじめは、夏用の山小屋に装備を仕込み、菜園を準備し、夏期居住用の村の周囲の畑を耕し、春物の穀類の種をまいたりする必要があるので、家族の大半の者がそこへ行く。その後、そこに母親と子どもたちを残して残りの者は、七月分の仕事を終えるために通常住んでいる村に下りてくるのだった。

夏の間中、若者と大人の男たちは農作業と干し草の取り入れのために、高低ふたつの居住地の間を行き来していたわけだ。そして八月になると、高地の牧草地の干し草作業のために、全員が呼び集められたものだった。（…中略…）乾燥時間を稼ぐために干し草はその場で高地の納屋に保管され、低地の常設の村の所まで下ろすのはずっと後になってから、時には次の春ごろになって、雪上を橇に載せて下ろすこともあった（…中略…）。

したがって、低地にある『常設の村』にも、年に五カ月は住人の一部が不在だった。万聖節（一一月一日）にすべての家族が戻ってきたとしても、それはただ次の季節の出発準備のためであった。（…中略…）こうしてほとんどいつもいないので、いくつかの市町村では、冬期の居場所を『常設の村』と呼ぶのをはばかる人たちもいるくらいである」☆14。

土壌の化学成分の再生を促すために、多様な作物が輪作的に栽培されていた。収穫量の限度は、再生不可能な自然資源の入手可能な量と太陽などの再生可能資源によるバイオスフ

エア（生物圏）の再生速度によって決まっていた。さらに「自然」資源を体系的に商品化したりせず、（とくに英語でcommonsという、場所や資源の共同利用についての）昔ながらの「習慣」があったおかげで、地域の資源の利用は、いつも許容可能な限度内に抑えられていた☆15。

つまり、この地域の土地は、季節ごとに上下に移動する人々によって最高度にサステイナブルなかたちで活用されていたのである。換言すると、土地の再生可能性を損なわない限度内で最大量の資源を使っていたということになる☆16。こうした姿勢が、異なる標高ごとに耕作の多様性を高めるきわめて繊細な配慮を生み出していた（一四七頁［図43］参照）。

かくして、山岳地帯の耕作地の分布に沿って環境を最大限に利用するために、季節ごとに標高の違う場所に複数の家を持つ習慣が広まったのである☆17。ここでは多様な活動と季節に合わせて、土地が人間によって完全なかたちで「住まれていた」とも言える。これは一見、仕事をある場所で、休暇は別の場所でという現代式の生活習慣とそう変わらないようにも見えるが、じつは動機がまったく違っていた。伝統的な生活における移動は、生産活動を最高度に発揮することを目的にしていたが、今日ではただ消費の場所が変わるだけである。

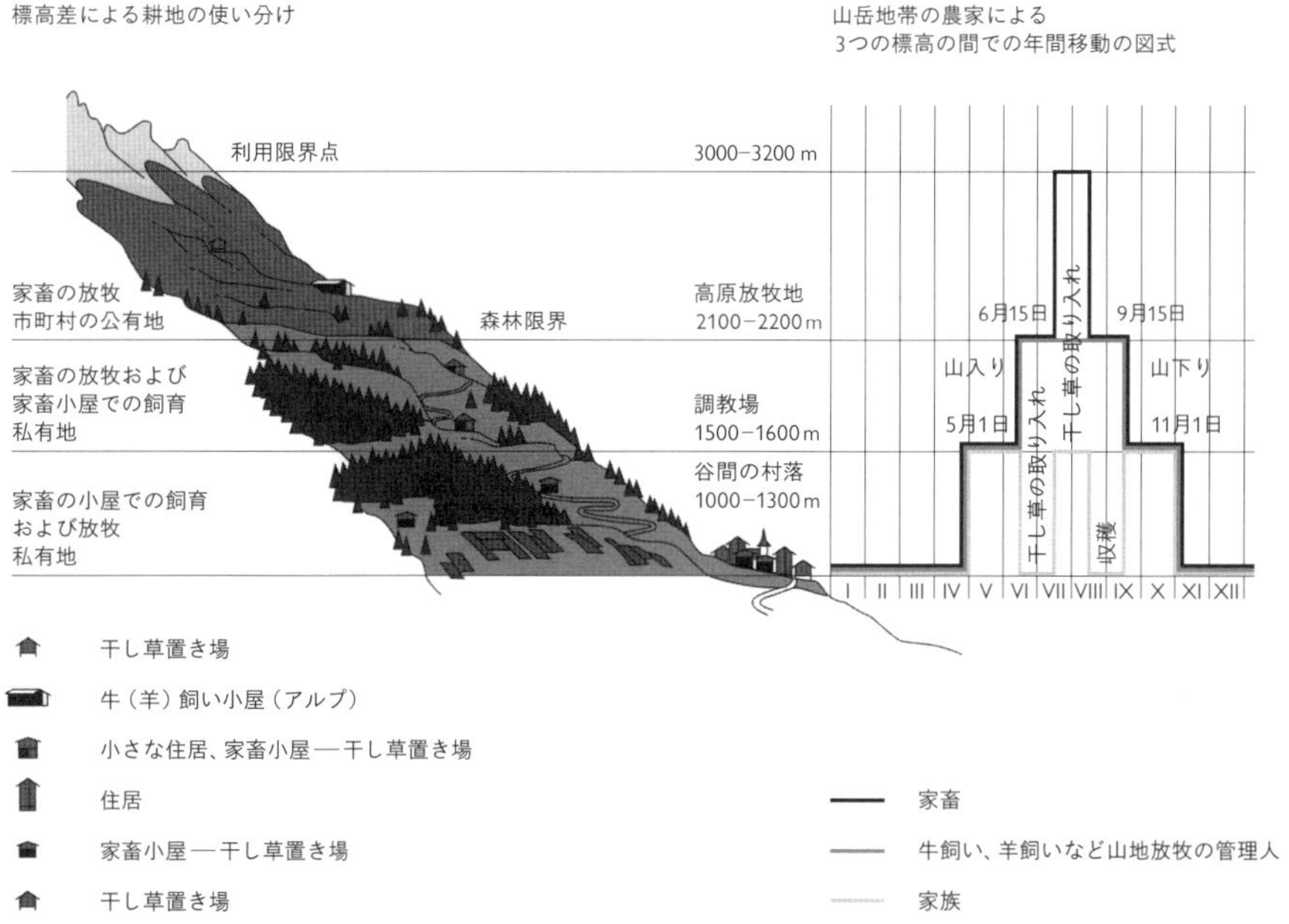

［図8］ヴァッレーゼ地方（スイスアルプス）における山岳耕地の伝統的利用システムの図式
出典：Werner Bätzing, *Le Alpi*

1 テリトリーと村落

場所への融合

タッロルノのラバ道沿い〈トリノ県、
トラヴェルセッラ村（三五〇人）〉

- 現在は人が去り、放置された廃墟となっている。
- もともとこの土地に備わっていた資源：
巨大な岩、水、土地。
- そこに建物と農作業の施設が配置された。
- ここに生えている木の一部は
あとから人が植えたもの。
- 人間が場所の提供する諸条件を
そのまま受け入れる形で適応した。

写真に写っている建物およびその付属施設は、過去に崖崩れでこの土地に落ちてきた大きな岩の陰に入るかたちで、うまくその庇護を利用している。すぐそばにあるクロティン（地中に半分埋まった手づくりの貯蔵庫。一二四—一二七頁参照）は、湧き水から流れ出る冷たい水で内部の温度湿度を保っている。おそらく岩陰を利用した家畜小屋（前頁写真左端、また次頁の図では6番）がここに最初につくられた施設であろう。

これはほぼ完全に自給自足可能な能力を備えた生活ユニットである。生存に必要なほとんどのものがここにあり、なお利用可能な状態にある。

——

これは、自然環境を非常に注意深く観察、解読し、そこに人がじつに見事に適応した洗練された事例である。

適応するとは、作業を最小限に抑えながら場所と最大限の融合を果たし、エネルギー資源も含め、この土地に備わった多様な能力（まだ隠れた潜在的なものまで）を発見し利用していくことである。意識的な選択によるにせよ、入植した人々の介入手段に限界があったにせよ、場所の特性は損なわれることなく維持されることになる。

現代人は、なにかを建設しようとするとき、いつでもまずその準備として、土地にある豊かだが不規則な形態や条件を受け入れることなく、自然がもたらした「偶発的なもの」を排除し、真っ平らな面をつくることで、幾何学的で「規則的な条件」をつくろうとする傾向がある。しかしそうではなくサイトの姿をそのまま受け入れ、そこに住みながら少しずつ実験的にその場所の可能性を見出していくというこの事例から読み取れる方法こそ、これからの時代にとって考慮に値する基本的態度であると思われる。

［図9］44–45頁の写真は、この図の下から上を向いて撮られた

前頁の写真のサイトの地図
1 湧き水
2 クロティン
3 小型動物の避難所（豚小屋）
4 薪置き場
5 人家（標高1168メートル）
6 家畜小屋（岩陰に）
7 積み肥場
8 中庭
9 菜園
10 便所
11 リンゴの木
12 クルミの木
13 フォンドからタッツロルノまでを結ぶラバ道
14 川に至る小径
15 キウゼッラ川
16 種まき用の畑

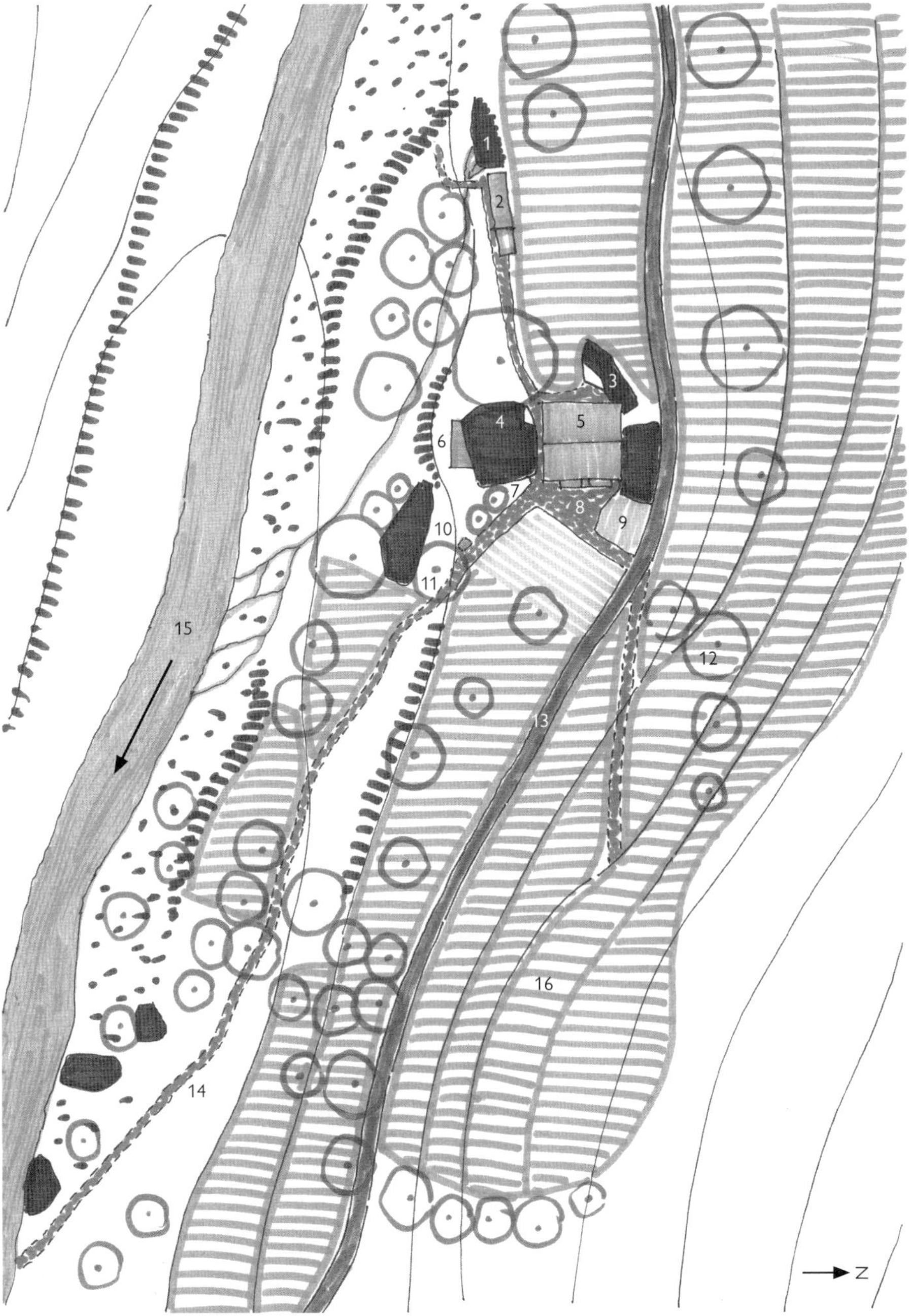
1
2
3
4
5
6
7
8
9
10
11
12
13
14
15
16
Z

1 テリトリーと村落

社会のなかにある諸関係の投影として

——村落の形態 三

オーロ村〈ヴェルヴァーノ・クージオ・オッソラ県、モンテクレステーゼ町（一二〇〇人）〉

- 村落の空間形態は、機能的必要性、時間の流れのなかでの積層、社会的関係性などによって決定される。
- 歴史のなかで集団に育まれてきたプロジェクト。
- 共同体の共有空間がある。
- 現在はセカンドハウスとして使われている家が多い。

今日では、みな私有財産の境界を仕切るのにやっきになり、「公共」空間はただ移動空間としての役割しか果たさなくなっているが、伝統的な村落の家々の間の空間は、柵や仕切りのいっさいない連続空間であり［図10］、そこでは土地の所有者に関係なく、共同体の活動も個々の家族の営みも区別なく行われていた。屋外の空間は、共同の中庭や作業場（麦打ち場）として、職人仕事や農耕に関わる作業のために開放されることがあった☆18。

そこでは道路そのものが一種中庭的な機能を果たしていた。橇や作業道具はそこに置くことができたし、冬期に家畜を室内で飼っているときには、堆肥を家畜のいる場所からそこに出すこともあった。家禽たちはそこで自由に地面を引っ掻き回し、薪は家の外の壁沿いの軒下に積まれていた。

どこからどこまでが誰の土地かということは皆が了解していたので、各戸の境界を物理的に顕示する必要はなかった。土地の区画についての詳細な知識が人々の間にはあったのだ（二六七頁の［図51］参照）。

村落の物理的形態は、そこに住む人々がすべてを「協議で決める」☆19ような社会運営を反映した可視的表現であった。

—社会的、経済的に比較的均質な社会であり、どの家族も自らの持ち家に住んでいた☆20。

—単独では対応しきれない、困難で特殊な状況に対応するための作業を必然的に互助的に行っていた。

—生存のための基本的社会ユニット（村）の内部で、競争ではなく協同的な生活に適合するための教育があった☆21。

エスカルトン地方★6のようなアルプスのいくつかのエリアでは、中世末期に貴族階級が消滅したことと、個人の間で分割されることのなかった共有財産を重視する意識があったために、社会的経済的均質性がより助長されたといえよう。

行動がひたすら私有財産をめぐるものになっていくと、集団で運営する空間は（その意義が喪失し）破壊されていく。柵や囲いがつくられ、門が付けられそこら中で通行が封鎖されることになるのだ。その結果、村内の空間は堪え難く狭苦しいものとなり、ともかく使いようのないものになってしまう。都市に住みながら休暇用の家を田舎に持つ人は皆、年に一度、それも家の前のごく小さな庭の草を刈るためにしか使わないのに自前で電動草刈り機を所有している。これに対し、「かつての村落では、公共の連続空間があることで、かような無駄をすることなく、知的で経済的なやり方で各構成員の日々の活動や移動を考慮して、すべての共有財産を最高度に活用していくことができた」☆22。

★6 もともと、現在のアルプスのイタリア——フランス国境の辺りにあった四つのゾーン（エスカルトン）を指す言葉。

［図10］オーロ村の一角。当時の村落は、しばしば住宅の密集度がかなり高く、
現在いうような私有空間、共有空間の区別がなかった

2 住居と建築技法

生活の場にして生産活動の道具としての家

キオッソ・スーペリオーレ
〈クーネオ県、エルヴァア村（一〇〇人）〉

・これは住居である。
・屋根の下に開口部を持つ空間が複数層ある。
―そのいくつかは（手仕事、農作業などの）仕事に使われた。
―ほかは、貯蔵用の場所。アクセスのためのつくり付けの階段はない（毎回出入りの際にはしごをかけるということ）。
―主構造体：石造りの円柱
―副構造体：木製の構造（梁）

この地域では、どの家も、小ぶりの住まいとすべての家畜が共存する大きめの家畜小屋と穀物倉庫兼干し草置き場をひとつの屋根の下に一緒に納めていた。手仕事や商売のための場所はとくに設けられていなかった☆1。

天候の悪い季節や晩に男性たちが籠編みや木工仕事、靴づくりにはげんでいる間、女性たちは繊維関係の仕事（毛糸や麻の紡績、それらを使った機織り、レース編み、靴下の編み上げ）に従事していた★1。これらの家内手工業のために特別な作業場はなかった。道具置き場もとくに決まっていなかった。木工台は、冬場の少ない日照を利用するために屋外の屋根のあるところに置かれることもあった。とはいえ、こうした手作業の多くは、家のなかで唯一十分暖のとれる家畜用のスペースで行われた☆2。

アルプスの山村の家は、住処であると同時に仕事場、自給自足で生きていくために必要な資材を生産する場所であった。「田舎の家は農民の仕事に適した道具であり」☆3、牧畜業や農業製品の加工作業のために考えられた仕事場であるということができる☆4。そして全体の空間構成において、住機能が農作業よりも重視されることはけっしてなかった☆5。

アルプスの住居は、加工作業のための拠点であるから、そのためにきわめて機能的に考えられていた。住人自身が飼葉をミルクやチーズ、あるいは肉に変身させる立役者であるが、

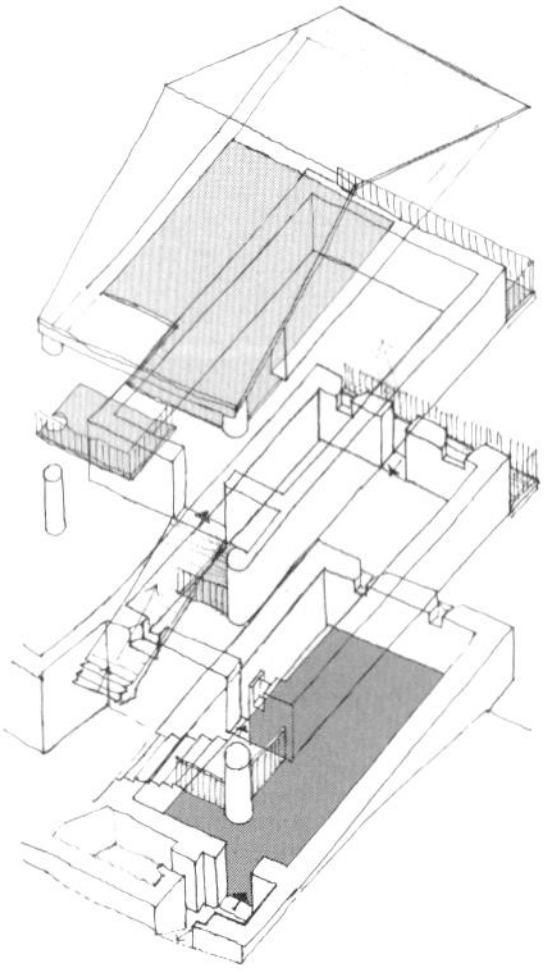

穀類、干し草などの保存用のスペース
人間の活動用、および食糧保存用のスペース
家畜の収容、および人間用のスペース

［図12］52−53頁の写真の家の空間構成

［図11］同地域の別の家。石を積んだ円柱、木造で開口部の大きい空間など共通の構造

工場の工員同様、自分たちの「工場」のなかに、ゆったり寛げるスペースを持っているわけではなかった。住居部分は建物の全体ボリュームの三分の一ないし四分の一を占めるだけであり、重要なのはむしろ「各種の保存」用のスペース、そして「作業機械」（この場合、牛や羊）に割かれたスペースであった。なるほどこの家畜たちのおかげで飼葉がミルクやチーズに変身するのであって、生産活動を支えてくれていたのはこの動物たちであった。伝統的には、この動物たちこそが主要な収入源であり、乏しい穀類生産はむしろ自給自足生活の助けになっていただけである☆6。

どの住居も冬を越すために十分な諸々の蓄えを貯蔵する必要があり、夏場の活動というのは、ひたすらこの蓄えづくりに費やされていた☆7。

こうした田舎の家は、場所によってかなり大きさの違いが見られる。標高の高い所にある家は平地のものよりかなり大きかったが、それは、冬期は動物用に大量の飼料を貯蔵しておく必要があったからである☆8。

家という場所が住まいであり同時に仕事場であるこのあり方は、大量の人間を通勤移送する現代のわれわれにとっても、環境へのインパクトの軽減を含め、有効な示唆を多々含んでいるといえる。データ通信網の発達のおかげでもはや多くの仕事は、十分自宅で行うことができる。労働者の満足度は向上し、精神的疎外感の低下にも寄与するだろう。

しかし、そうは言っても、われわれの住居と過去の山村の家のあり方を比べるとこれでも大きな違いがある。かつての生活（そして労働）のあり方に従うと、人は一日の大半の時間を戸外で過ごしており、家というのは、比較的広いテリトリーを含んだひとつの生活システムの一部をなすだけであった。ここに環境と人間の関係のあり方の差がはっきり見える。家に住むというよりは、テリトリーに住んでいたのであり、現代のホームオフィスのあり方とは決定的に違う。今日では大半の時間をわれわれは屋内で過ごし、家で働く人は一日中いっさい家から出ないことも十分ありうる。人間が周囲の自然環境と再び関係を取り戻すためには、部分的にでも自らの食物を生産するために少し土地をもって畑仕事でもするのがひとつの方法であろう。

★1　食物はもとより、衣類も含め、必要なものは、ほとんど自分たちでつくることができたということである。

2 住居と建築技法

地域が生む住居の空間構成

ジュッソー〈トリノ県、プラジェラート村（八〇〇人）〉

・三つの主要部分からなる建物。
—下の階には家畜小屋と台所。
—中間の階に寝室と干し草置き場。
—上の階には穀物倉庫と屋内の作業場（麦打ち場）。

エスカルトン地方では、集落にあった住居はだいたい三階建てであった。前頁の写真にあるように半分地中に埋まった一階にはアーチ付きの天井のある家畜用スペース、台所、物置が置かれ、二階には寝室がひとつかふたつと家畜スペースの上に大きな干し草置き場。三階には大きな干し草置き場兼穀物倉庫があるうえに、たいてい、そこから手すりのあるバルコニーへ出ることができ、そこは農産物の乾燥などのために使われた。

一階には家畜のために使われた、アーチ付きの大きな部屋があったが、家畜の体温のためにここはほかより室温が高かったので、寒くなると山村の住民は自らもそこで動物たちとともに生活を送った。家畜は室内の奥の飼葉桶のある暗い所に、そして人間のほうは入り口や窓に近い所で暮らした。人間と牛たちの場所は床に掘られた家畜の排泄物を集めるための溝によって隔てられていた。

台所には大きな石材を貼った床があり、大型の暖炉があった。水道設備はなかった。

二階の寝室は、夏期に寝泊まりする場所であったが、リンゴやジャガイモなど食糧の蓄えを収納する場所でもあった。そのため、断湿処理は入念になされたが、暖房や断熱処理はいっさいなされなかった。

三階の干し草置き場兼穀物倉庫には小さな開口部がいくつかあるほか、木部の板の間に少しずつ隙間があることで、風通しをよくし、農作物の乾燥に都合よくできていた☆9。

この地域の家の建築にはcurt★2と呼ばれる特別な空間がある[図13]。「それは一階にある一種の玄関のような空間で、住民も家畜たちも等しくそこを通る必要があり、扉を通じて台所と家畜スペースへと行くためにもまずそこに入る必要がある。また二階へ行くにもそこから階段を上がり、寝室、そして二階の干し草置き場へと通じることになる。(…中略…)court★3とは、家のなかで水平方向、垂直方向のあらゆる移動のために必ず通らなくてはならない場所であった」☆10。

curtがある家には、アルプスの建築では珍しく家の内部に垂直方向の通路がある(一般に、ほかの階に行くには外部を通っていた)ことになるが、それは冬の間、通常家畜とともに一階で暮らす住人が、しばしば階上に上がるのに寒い戸外に出ずに済むというところに理由があると思われる。

curtというとき、それはある特別な空間的形態を指すというよりも場所の機能を意味しているので、そのかたちにはじつにいろいろなものがある。たいてい「court★4は、家の中心にあって、複数の階に渡って展開する広間のようなものであった。(…中略…)その周囲で家族の生活が営まれ、農作業が行われる場所であった」☆11。また、一連の長い回廊のようなものであることもあった。あるいは複数階に及ぶいくつもの部屋からなることもあれば、単一の部屋であることもあった。階段をひとつ含むこともあれば、いくつもの階段があることもあった。斜めの平面があることもあり、また外部に対して閉じていることも開いていることもあった。

——

物事についた名称には、場所ごとに人がどのようなかたちで世界のなかに暮らしていくか、その様態が表現されている。ある物や空間が生まれた具体的な動機が今もなおそこから読み取れるのだ。

本当に正しいかたちでプロジェクト★5が実施されるときには、その結果ははじめに予想できないものだ。なぜならば、それは探求、つまりある主題に沿って何かを理解しようとする行為の帰結としてしか顕われないからである。

場所の特性が建築に現れるのは、手に入る資源（知識も含む）から最良の生存条件を探求すれば、土地ごとにその結果も当然変わるからである

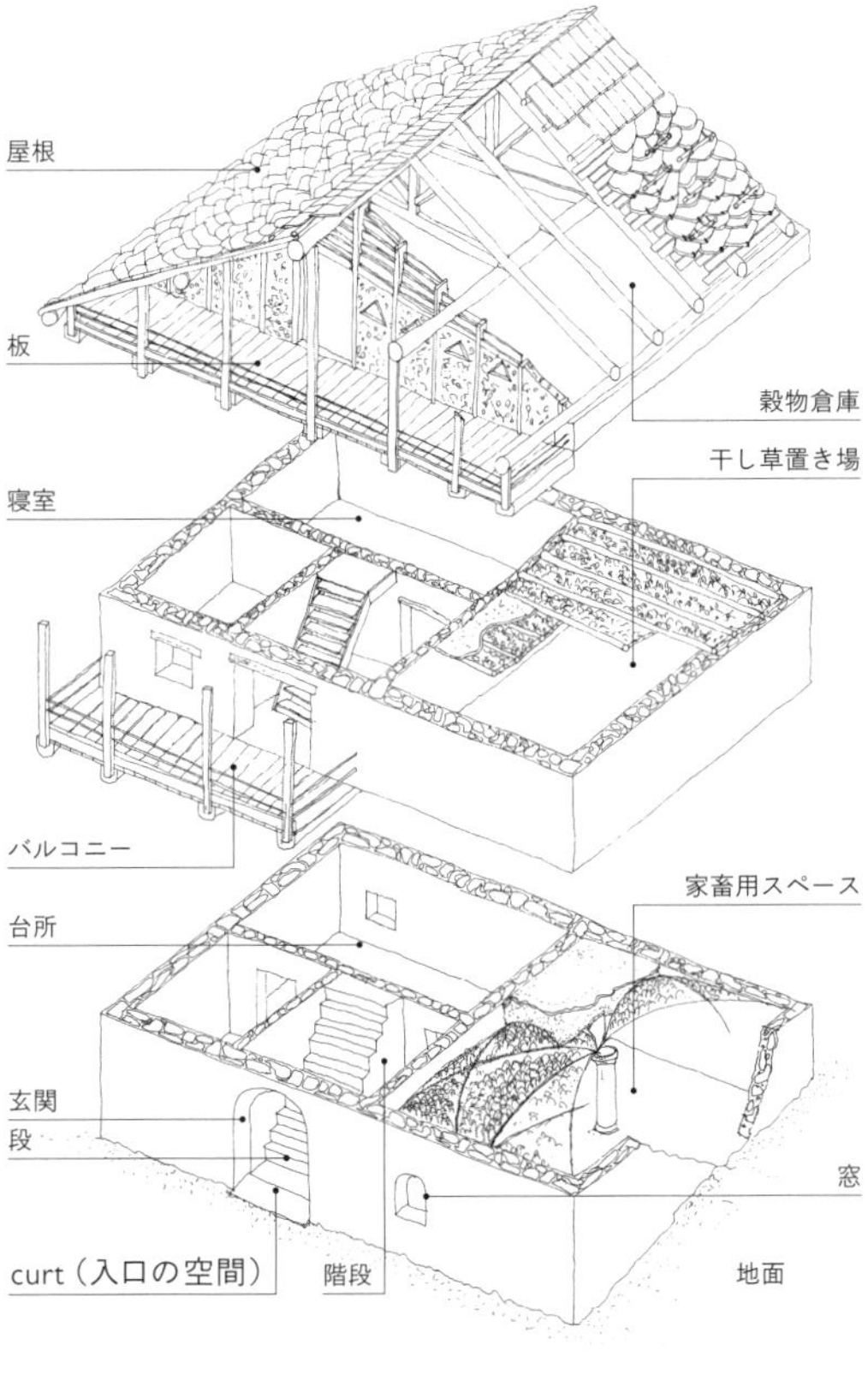

［図13］山村の伝統的家屋の空間構成

★2 フランス国境から近いため、フランス語のcourt（中庭）に由来する方言。

★3 これは、フランス語の資料なので、フランス語の本来の綴りで書いてある。

★4 同上

★5 建築の場合、設計作業を指す。

2 住居と建築技法

地域が生む建築技法

ジュッソー〈トリノ県、プラジェラート村（八〇〇人）〉

・層ごとに異なる三つの壁の建造法。
―一層：多様なサイズの石を石灰のモルタルをつなぎ材にかためたかなり厚みのある構造壁（ピンク色）
（ここにはさらに二フロアあり、下が家畜用、上が人家）。
―二層：木造軸組み構造の合間に小ぶりの石を積み込んで石膏で固めている（水色）。
―三層：木造軸組み構造の間に細板を渡して貼ってある（黄色）。
・きわめて洗練された事例である。

ピエモンテ州のアルプス地域では、田舎の家はほとんどどこでも石壁造りで、木材の利用は一部に限られていた（屋根の構造、上部階の床、鎧戸など）。しかし、スーザやキゾーネ渓谷の奥のほうなどいくつかの場所では、一番下の階だけを石壁造りで、上部の階は木造軸組み構造に小ぶりの石を骨材として詰め、石灰のモルタルや石膏で固めた隔壁をもった建物が見られる☆12。

つなぎ材は現地で手に入る鉱物を加工して、その場で製造されていた。石膏を使うのは、製造するのが簡単なうえに建築技法的にも好都合だからである。結合部を密封してくれるうえ、すぐに固まるので押さえに使う当て板をすぐはずして次に使うことができるという利点もある。

この方法だと、いくら積み重ねても下の階の構造壁をつくるのには使えない小型の石を使うことができ、壁が薄くなるのでつなぎ材が倹約できるうえ、壁が軽くなり、利用可能な床面積も増え、開口部がつくりやすいので光量も豊富に採れるようになる。そしてこの技法は、建物の外壁にも建物内部の仕切り壁にも使われていた。

木造軸組みの構造は平面図上で見ると、正方形ないし長方形のグリッドに沿って配置されていた。筋交いが使われることもあったが、耐力化するためには、むしろ木造軸組みの内側に積み込んだ充填材（石膏）自体がその役を果たすことが多かった。また上部階の外壁に細い縦長の隙間や三角形をした小さな開口部をつけることによって干し草置き場や穀物倉庫の風通しが確保されていた。

この頁の写真［図14］には、ある干し草置き場の内部の仕

［図14］木造軸組構造に小石を詰め、石膏で固めた隔壁

切り壁が写っている。その構造は木造で、筋交いの代わりに小石をその間に積み、そこに石膏を流し込み固めてあるが、石膏を流し込む時★6、壁の一方の面は（石膏の流出を防ぐために）木の当て板で押さえ、その板に沿って石膏を流し込むのでそちらは石膏が溜まってほぼ白くなるが、反対側では石が見えるかたちで残ることになる。この写真では、壁の上下でこの作業の際の表と裏が両方見える（上段は当て板は裏側から当てられていたが、下段はこちら側から当て板を当てながら作業が行われたのがわかる）。

—

この種の壁をつくっている建築技法はこの地域だけのものではないが、たしかにこの地域には特徴的なものである。それは、地元で手に入る素材（石膏：六七頁の［図15］を参照のこと）やこれらの家、とくにそのなかの干し草置き場や穀物倉庫がかなり大きいこと、そして畑から除石した石の使い道（一五二―一五五頁を参照）を見つける必要があったことなどから生まれた、土地と密着した「発明」である。つまり、場所ごとの諸事情によって、同じ問題に対して多様な解決法が見つかるものなのだ。入手可能な資源がきっかけになってとても知的な解決方法が見出されたわけだ。資源を刺激に人々が「何とかしよう」としたのである。こうして、入手可能な資源がいかなるものであるかで、問題の解決法は場所ごとに多様な発展をみることになるのである。

★6　ほかの地域ではこの作業を平面上で行い、固めた後壁を立ち上げる場所もあるが、ここでは、木造軸組みの壁構造を立ち上げた垂直の状態でこの作業を行う。

2 住居と建築技法

手に入るもので やりくりする 知恵と技術

リュイール村の建物
〈トリノ県、チェザーナ町（一〇〇〇人）〉

・これはある建物の北面
—A（下部）：多様な大きさ（とはいえ大きめ）の石を使い、つなぎ材（石灰のモルタル）、そして部分的に上塗りをしたかなり厚みのある構造壁。ここには二フロアあり、下が家畜用（冬期は人もそこに住む）、上が人家用。

—B（上部）：筋交いの入った木造軸組み構造に均質に小さい石を積み込んで石膏で固めてある（最上部には最近コンクリートの隔壁で修復された部分もある）。壁面には木枠なしの丸い空調用の開口部が、たくさんある。
・地域で手に入る素材の知識と伝統が建物の建設に活かされている。

家畜小屋と住居が内部にある建物の下部の外壁は、近くの川で拾える石や岩屑でできている。これらの石は、普通表面に出てくるところは大雑把に四角く整形され、八〇センチから一〇〇センチの厚みになるようにただ単純に積み上げられていた。時代的に古い建物ほど、また貧しい場所へいくほど、石と石の間の空隙は大きくなり、気密性の高い泥や石灰と砂のモルタルなどで埋められていた。

隅石（角にくる石材）だけにはより丁寧な作業が施された。テュレス渓谷のような地域では、簡単にカットできるより柔らかめの石が使われていた。家畜スペースと住居の間の水平構造は、この地域ではアーチ天井でできており、それはかなり細工の込んだものであることもあった。アーチは、雌型になる木枠を使いながらごく慎重に小さな平たい石を縦に並べ、大量の石灰のモルタルで固められた上に、粗い素材が塗られた。

建物上部の大きな干し草小屋兼穀物倉庫にあたる部分は、穀類や干し草の乾燥のための通気性向上のためにもたいていより軽い方法で建設された。そのために木造軸組み構造に隙間をあけながら板を並べて貼ったり、そこに小型の石を積み込んで石灰と石膏を混ぜたモルタルや石膏で固めて薄い壁をつくった（壁が薄いほうが通気孔をあけやすい、六二頁参照）。

われわれ自身も近隣の河川敷で石灰岩の石や石膏が混じった石を見つけたが、スーザやキゾーネ渓谷の奥の地域では、つなぎ材（モルタル）をつくるための原材料はふんだんに採れた。したがって、つなぎ材の製造は、原料が見つかるかどうかというよりは、加熱するための燃料が十分に手に入るかどうかにかかっていた。窯や地面に掘った穴で八〇〇－九〇〇度で加熱処理する必要のある石灰のモルタルよりも、一六七度で処理できる石膏をできるだけ使おうとしたのは、それがすべてではないにしろ、そこにも理由がある。

どちらのつなぎ材を製造する技術も、この辺りの谷間の住民／建設者には十分使いこなせるものであった。どちらの素材も同じ石材（とても多孔質の石灰岩）から採れるものであり、いずれにも粘度質が含まれていた。もし純粋な石膏であれば、雪花石膏は白くなったが、しばしばつなぎ材を倹約するために砂と混ぜて使われた☆13。

数世代の間に、周辺地域の土地の多様な可能性を書き込んだ経験的マップともいえるものが人々のなかに形成されるが、それはつまり、自分たちの必要に応え、しかも金銭的にはいっさいお金のかからない資源がどこにあるかを見分けて最高度に活用する能力が彼らのなかに培われるということである。

レオン・バッティスタ・アルベルティもこの要点に触れているが、もちろん田舎の民家について語っていたわけではない。「優れた建設者にとっては、目的により適切な材料を選ぶことよりも、すでに手中にある材料をより好機にまた経済的なかたちで使いこなすことのほうが重要である」☆14。
　手に入る物でやりくりするとき、人間にとってある豊かで実用性にあふれた次元が開けてくる。そこでは、賢明なやりくりで自給自足を心がけ、自然の恵みを適度に使うことで、諸々の制限条件が有用な道具に転換するのである☆15。

利用する資源が重ければ重いほど運搬距離は短い必要があった。この頁の地図は、テュレス渓谷のリュイール村のある建物（六四－六五頁の写真の建物）の建設に使われた諸素材がおそらく採取されたと思われる地域を示したものである。

凡例

石灰質片岩（石灰用のほか、石壁や屋根に使われる）

苦灰岩（よく石膏と一緒に使われる／一番重い）

水脈

蛇紋岩（柱など大きなピースで使われた）

ドロマイト岩（柔らかく加工しやすい石）

森林（1899年の陸軍地理院測量）

64–65頁の写真の建物

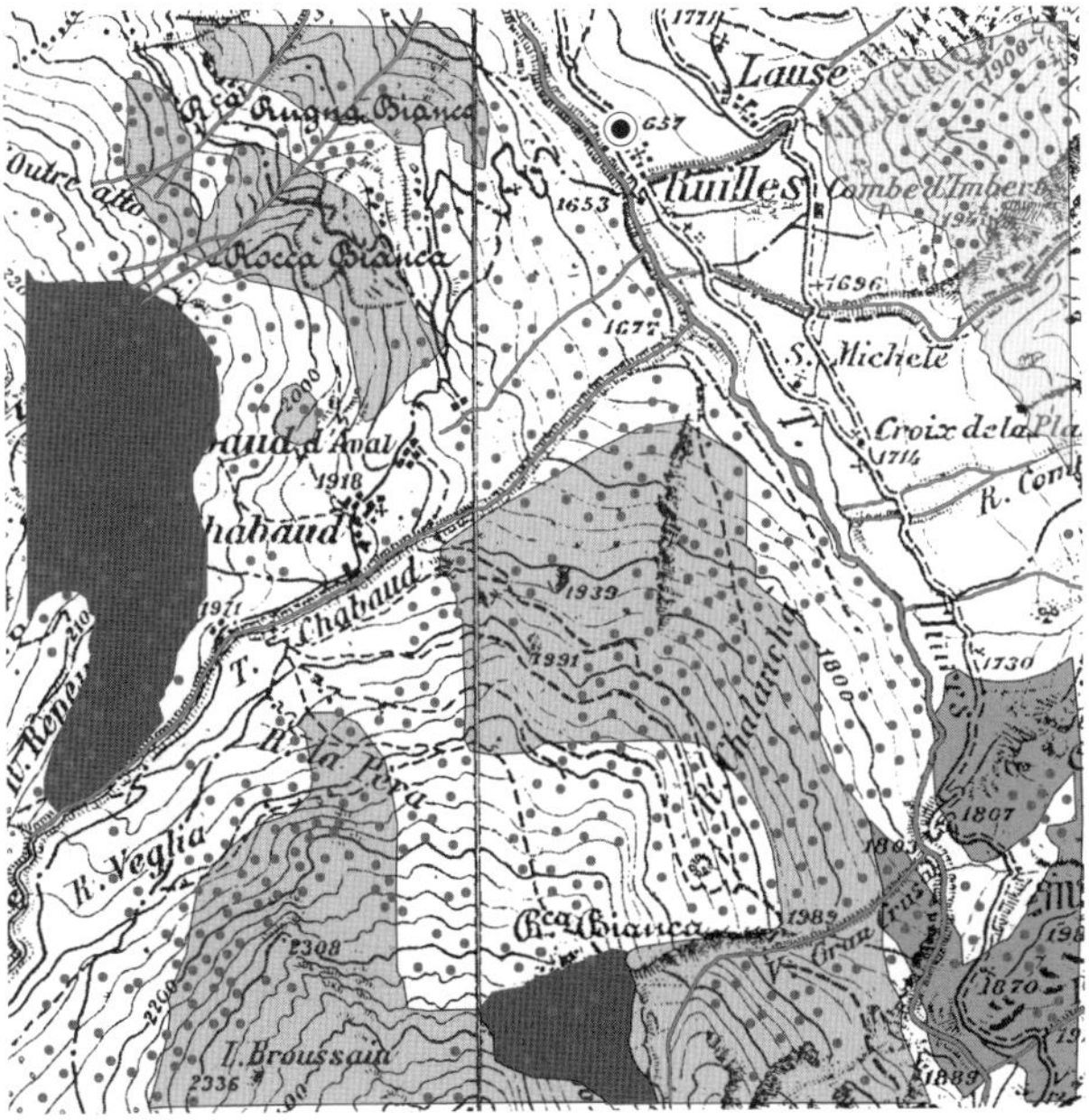

［図15］リュイール村近郊の資源分布

2 住居と建築技法

木材だけでいいとき

リフ・ラ・シュナル村
〈トリノ県、チェザーナ町（一〇〇〇人）〉

•ある建物（一九世紀後半のもの）の上部
（穀物倉庫、干し草置き場）。
•無垢の木材。無塗装。防腐剤もなし。
—屋根を支えている。
—かなり大きなボリュームのオープンな空間を生み出す。
—複数層の貯蔵空間を屋根の下に構成する。
—最少限の作業を施してある。不必要な加工はせず、
部材そのままのサイズを使っている。
•いっさい何も購入せずにつくられた。

この家の上部は三層あるが、構造材も、空隙を埋めるための充填材（板）も、内部の仕切り壁、屋根もすべてカラマツ材でつくられている。そして、構造部材も木の薄板もいずれもカラマツ材の木釘で接合されていた。

実際に数えてみると、構造部材には二二七カ所の接合点、空隙を埋めるための部材には六一三カ所の接合点、水平構造材に板を貼るのには八四八カ所の接合点（だが一部は削除されていた。もともとは、もっと多数あったはずである）、そして屋根板の接合には約三〇六八カ所の接合点があった☆16。

次頁の［図16］は、前頁の写真の建物の穀物倉庫兼干し草置き場の平面図である。平面は、上下の梁に溝を掘ってそこに縦にはめ込んだ板張りの仕切り壁によって、ほぼ同じ大きさの面積のふたつのエリアに区分けされている。垂直構造は、数本の木の柱（図面上では黒い四角）と部分的につくられた石壁（四五度に引かれた斜線の部分）で構成されている。周囲の壁の上には梁が渡されている（破線）。そしてこれらの壁沿いの左右対称の位置に煙突が通っている。幅の狭い平行線が描かれている箇所は、内部と張り出し部分の木板の床の部分を示している。

この地域の建築の木造部分においては、鉄釘の利用は必要最少限に抑えられるか、たいていの場合、完全に避けられていた。建物のコストは、建設にかかった時間やそこに注がれた住民や手伝いに来た共同体の人々の労働ではなく、購入する必要のあった資材やサービスの金銭価値をもとに算定された☆17。

ありあまるとか、稀少だという概念が、かつては、現在とはまったく異なるかたちで適用されていた。労働力はふんだんにあり、通常、共同体がそれを無料で支給していた（少なくともある時期までは）。土地の木材も豊富で、これも無料であった★7。一方、鉄釘は高価でなかなか手に入らなかった。

鉄釘の入手は難しかったので、本当に必須の場合、それなしでは済まない道具類をつくるためにだけ使われた。建設方法は、鉄釘を使わないでいいように考案され、土地の環境に完璧に適応していた。つまりカラマツの接合材（木釘）が使われたのだが、じつはそれは鉄釘よりも耐久性にも優れていた。

明確な制限条件（この場合は木材しか使えないという条件）に従うことによって、人は逆により一貫性のあるかたち★8で建物を建てる術を身につけることになったのだ。

★7　実際には、今のヨーロッパでは森が放置されているだけで、きちんと整備すれば、木材は十分にある。
★8　ここで著者の言う「一貫性のあるかたち」とは、周囲の環境にも過剰な負荷をかけず、構造的、建築技法的にも正しく、地域の生活とも合致したという意味で、あらゆる観点から正当と見なすことができるという意味である。

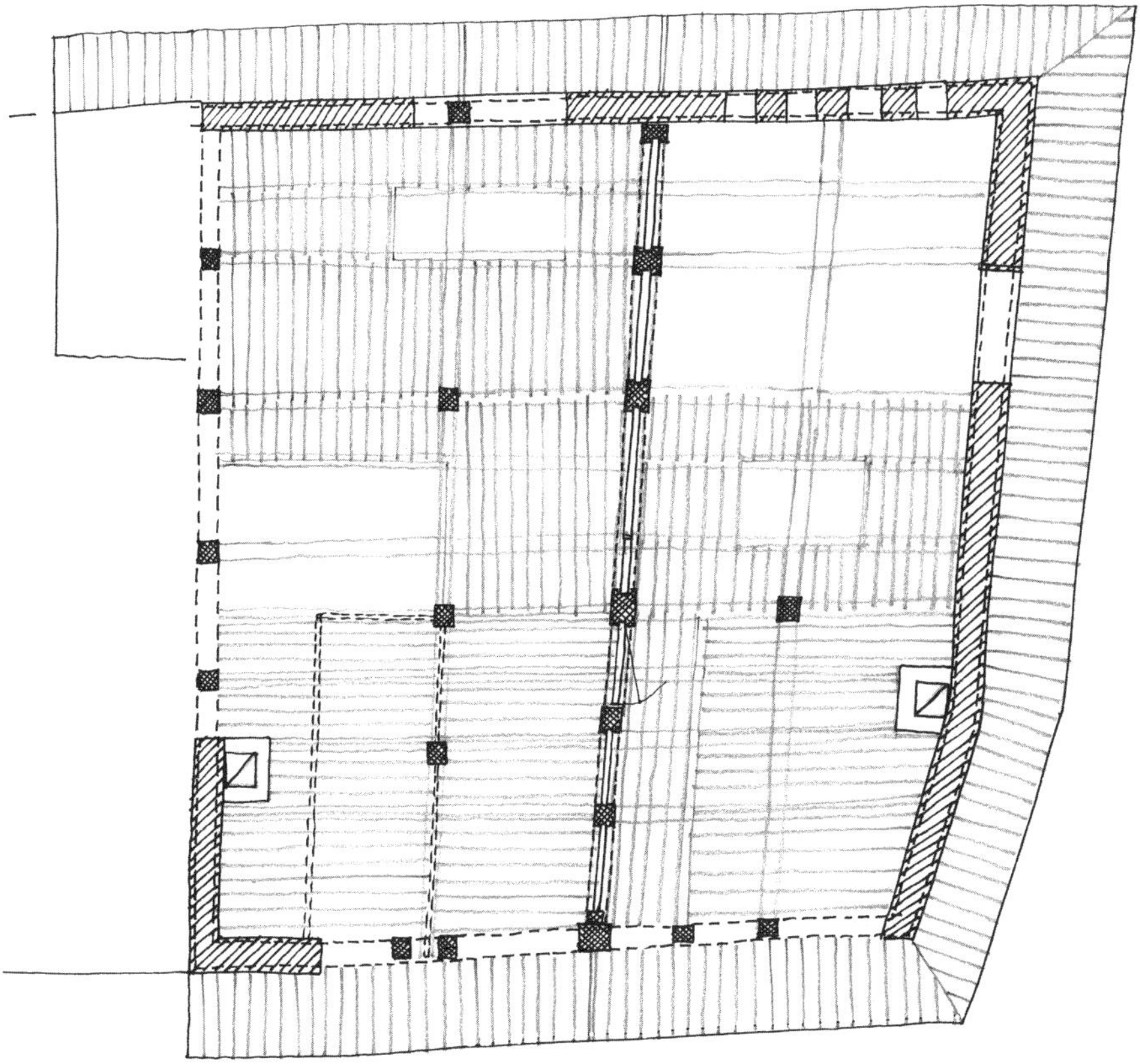

［図16］68−69頁の写真の建物の穀物倉庫と干し草置き場のある階の平面図

2 住居と建築技法

物を適切に使うとは

イゼッラ村
〈ヴェルヴァーノ・クージオ・オッソラ県マクニャーガ町〈六〇〇人〉〉

- 宗教関係の文字が刻み込まれた元アーキトレーブが柱として使われていたり、ほかの建物から再利用されたカラマツ材の部材を使っている建物の外壁の一部。
- それぞれ異なる加工を受けた部材の混在（木の皮を剥いだ丸太、角材にされた丸太、板材）。
- 塗装などの保存処理なしでも長期間良好な状態で保存されている木材。

どの種類の木を選び、どんな加工を施すかは、使い道次第であった。また木の伐採は秋の終わりか冬期に行われた。とくに最高の耐久度を求める場合は一月の満月から新月へと月が欠けていくときに切られた★9。

伐採の後、必要なサイズに従って丸太は鋸で切られ（建築用には一〇—二〇メートルに、家具用には四メートルに）地上に寝かされた。大きな木は樹皮を剥がされるだけのこともあったが、たいていはむしろ斧で角材にされたり、さらにもう一度鋸で縦方向にふたつに切られることもあった。より小ぶりの部材（厚さ四—一〇センチの板）は、割ったり、鋸で引かれてつくられた（ひとり用の小型の鋸やふたり引きの大鋸、あるいはまた水車を使う水力鋸で）。板は専用のしゃくりかんなで雄木用、雌木用に加工することもあった☆18。鋸で切られた板は、その後、山積みにされて乾燥させられた。

手作業で丸太から大量の板に分割していくのには時間もかかり、肉体的にも大変だったので、いくら有効な材料利用ができるといってもやる理由にならなかった。そのため、古い建物では、丸太をそのまま積んだブロックバウ方式★10に似たテクニックが使われているのがよく見かけられる［図17］。

さまざまな用途のための各種の木の選択は以下に見るように非常に洗練されたかたちで行われ、それぞれの木の入手可能性と、各土地での木材の利用状況次第でさまざまだった。いくつもの渓谷地域で同様に使われているものもあった。

例えば、建築素材としてなんといっても重宝されたのは、柔軟性に優れ真っすぐで、豊富に手に入り、低温にも悪天候にも虫にも強く長持ちするカラマツ材であった☆19。カラマツの育たない標高の低い所では、建築構造用にはヨーロッパ栗あるいは白樺が使われ、ハイマツとヨーロッパカラマツは荷重のあまりかからない構造材や家具用に使われた☆20。

トネリコバノカエデは、小ぶりの樽や高級家具、食器、道具類に使われ、熱効率が高かったので燃料にされることもあった。木質の最も硬い低木のキングサリは、杭や梯子の横桟、

［図17］ブロックバウ方式の丸太小屋

橇の柄（ブナでつくられることもあった）などに使われ、梯子の支柱（主管）はシナノキ材でつくられた。トネリコの木からは、多種の農工具、そしてほかの道具類の柄の部分がつくられた。ナナカマドの木は熊手の持ち手や柔らかいハコヤナギの木でもつくることができる小さな物づくりに使われた。

——

山村の文化は廃棄物を出さなかった。完全再利用の原則が生きており、循環のサイクルは完全だった。例えば、排泄物は畑や牧草地の肥料として完全に利用された。家庭ゴミというものはなく、数少ない廃品物もみな生物分解可能なものであった。

建築部材（例えば、石や木製の入り口のアーキトレーブ）の一つひとつが、その部材が属している建物よりも古いことがあった（つまり、より古い建物をばらして再利用されていた）。前頁の写真の建物のようにブロックバウは、水平に丸太を積んでいくことでつくられたが、おもちゃの建築のように簡単に分解することができたので、部材の再利用はごく頻繁に行われていた。

再利用された木材はそれだけ古く、より長期間寝かされているわけで、素材もより安定し、新しい材木と比べても耐久性で劣ることがないことも忘れないでおこう。さらに、歳月を経ることで、見た目が良くなる。知覚的に豊かさを増すのである。

新品と交換すべく捨てる前に、現在ある古い物を再利用することを考慮する努力が必要であろう。

また、かつては、細心の注意と技術を備えた修理、修繕の文化が存在した。ある物ないしその一部を使い続けることは、貧しさの証拠ではなく、節約の美徳の徴なのだ。

最後にもう一点。木を加工するには作業にそれなりの時間がかかり、それもある特定の季節に行う必要があるが、これこそ木材の特質のなかでインダストリーが好まず、無視して通りすぎようとする点である。

★9　月齢と最適の伐採のタイミングの関係については、長らく経験と迷信の域を出ない観があったが、チューリヒ大学のツュルヒャー（E. Zürcher）教授がはじめて月齢と木材の強度、耐久度の関係を測定し、迷信と思われていた知識に科学的裏付けを与えた。この主題に関する著作としては、二〇〇一年の"Lunar Rhythms in Forestry Traditions. Lunar Correlated Phenomena in Tree Biology and Wood Properties", *Earth, Moon and Plantes*, 85–86: 463–478 や同年の"Lunar Synodic Rhythm and Wood Properties: Traditional and Reality. Experimental Results on Norway Spruce (*Picea abies Karst.*)"などがある。

★10　いわゆる丸太小屋。木造建築の最も古いかたちのひとつ。丸太を水平に積んで壁面をつくっていくもの。

2 住居と建築技法

シェアリングとコンヴィヴィアリティ☆21

リフ・ラ・シュナル村
〈トリノ県、チェザーナ町（一〇〇〇人）〉

- 共同体の複式のパン窯。
—左：より古い大きい窯。毎年決まった時期に使う。ライ麦の粉が使われた（自給自足経済の象徴。この標高では、ライ麦が唯一耕作可能な穀物だった）。

—右：より小さな二番目の窯。毎月使う。混合粉が使われた（交換経済とも関わりがあった証拠）。
- 作業するエリアには屋根がかかっている。
- 右端の壁に作業用の棚を載せるための腕木が見えている。

パンを焼くことは、主食糧源（小麦）の保存を容易にするという決定的な意味を持っていた。パン生地の準備と焼きにはかなり多様なテクニックがあったため、パン窯の建築のかたちにもずいぶん多様性がある。パン窯の口の手前には屋根付きのスペースがあるが、この場所は、必ずしも外部から遮断されているとはかぎらない。パン窯が直接道路に面したところにあることもある。こうなると手作業は簡単だし、煙の排気の問題もないが、標高の高い山村では、一一月にもなるとすでに雪が降るため、パンを焼く人が悪天候に曝されるということにもなる。

いくつかの村では、パン生地の準備は協同で行われたが、各家庭のパンのこね箱★11［図18］のなかで寝かされ、あとは焼くばかりというパン生地が長い木の板にいくつも載せられて家から運ばれてきたものだった。

各家庭が順番に自分のパンを焼いたが、窯の利用者は窯の燃料として決まった数の薪を納める義務があった。窯の熱をフルに活かすために、数週間休みなくパン焼きが続けられた。場所にもよるが、一窯分のパンを焼くのにはだいたい七時間から三〇時間を要した。

エスカルトン地方で、一九世紀に「複式の窯」が普及した。もともとあった窯（直径三・五―四メートル）に、夏期に毎月パンを焼くために小型の窯（直径一・五―二メートル）が併設されたのでそうなって以降、大きなほうの窯は、六カ月続く冬期のために必要なパンを焼くために秋に使われることになった。万聖節とクリスマスの間にパンを全部といわずとも一部を集中して焼くことにしていたのは、燃料を倹約するという目的以外に、水車小屋の粉挽き機を回すのに十分な水が、春と秋に集中して流れていたことと、寒い時期には農作業が減って時間があったということなどが理由だった。

秋期に各家庭は大きいほうの窯で二、三窯分のパン（ひとつ一・五キロのパンを八〇個くらい。一五〇キロ分くらいのパン生地を入れておくパンこね箱は珍しくない）を焼くことができた。夏期には各家庭ごとに毎月小さいほうの窯でパンを一度に二〇個くらい焼いていたが、これは、ひとりあたま毎日平均で約二五〇グラムのパンが食べられた計算になる☆22。

——

低地の常設の村には、自給自足生活を支えるインフラがいくつか備わっていた。村にもよるが、こうしたインフラとして、給水場、洗濯場、窯、地面を石で舗装した作業場（麦打ち場）☆23、葡萄の圧搾機、クルミの搾油場、乳製品加工用の工房、木工の工房、水車小屋などがあった。水車小屋は、複数の集落が共同で利用するものであり、水力が豊富な場所に設置されていた☆24。個人でつくったり、備えたり、管理するのが経済的に困難な施設は、かなり厳格な共通の規則に従って共有されていた。

コミュニティのメンバーは、誰もが共有のインフラを使う権利と義務を持っていた。薪の浪費を抑えるために多くの村では、個別に窯を持つことが禁じられていた。

共同窯の利用は一九五〇年代に終止符を打つことになる。人口の減少が共同体規模の諸々の作業が姿を消したおもな理由のひとつだが、人数が少なくなると、もう大きすぎる窯で順番に火を焚き続けるのも難しくなるからだ。こうした現実的理由のほか、豊かさが増すにつれ、人々が清貧の暮らし方を拒むようになるなどそのほかの理由もあった。

シェアリング（共有）というのは、現在の傾向とは反対だが、これからの未来にとって有効な提案かもしれない。今では食事を家で準備することも家族団欒で一緒に食べることすらなくなりつつあるが、一方でコハウジングなど、設備やサービスをシェアする事例も事欠かない。そこでは、各戸に洗濯機があるのではなく、共同で維持する洗濯場がひとつある。これからわれわれを待っている明日の貧しき世界を生き抜くためには、過剰な設備だけではなく、それこそ必要不可欠な設備をシェアすることが求められるだろう。

さらに、こうしたシェアリング経験は、現実的な必要性という観点からだけ行われるのではなく、より連帯感を持った社会的な関係にまでそれを敷衍していくべきであると思われるが、都市部では、社会的理想を持つ人々あるいは互助的な必要を抱えた人々の間で発生してきている多様なシェアリングの経験がある。例えば、トリノのサン・サルヴァリオ地区★12には地方行政の運営ではないが（日本の公民館に近い）「地区の家」というものがあって、そこでは、ミーティング、パーティ、教育活動、食事などのために普通個人では持ちえないスペース（屋外も室内も）を借りることができるばかりでなく、共通の興味や関心、必要性を抱えている人々と知り合い、関係の輪をつくることができる。

★11　かつての家庭には、パンこね箱という木製の家具があり、上部の蓋の上で小麦粉をこね、なかには小麦粉、パン生地のほか、多様な食材を保存した。

★12　トリノのポルタ・ヌオーヴァ駅とヴァレンティーナ公園の間に広がるサン・サルヴァリオ地区（人口約一万九〇〇〇人）は、九〇年代半ばに大量の移民（多くはアフリカ人）の流入のためにもともとのイタリア人住民と移民の間の衝突や治安悪化の噂が広まるなど、危機的状況を迎えたが、それを機に著者のひとりであるアンドレア・ボッコを中心とした若者たちが「サン・サルヴァリオ地区改善事務所」を一九九九年に設立し、住民諸団体の力を活かしながら多角的なサービスやイベントを企画することで、このマルチエスニックな地区をとても住みやすく、住民が愛着を持つ場所に改善した。十余年の経験の後、ボーダフォン財団の資金を得て、二〇一〇年に地区の中心で住民が多様なかたちで利用できる場所として「地区の家」を旧公衆浴場跡に開設した。

［図18］パンのこね箱

2 住居と建築技法

物の可能性を読み取る

ラヴァル〈トリノ県、プラジェラート村〈八〇〇人〉

・屋根：木造の構造、屋根板、屋根葺きは石板。

・雨水を集め、排水するための木製の樋（細い丸太をくり抜いたもの）。そしてそれを支える木製の樋受け（成長環境によって自然に曲がった木を利用）。

「どうぞお使い下さい」と言わんばかりにできている資材を自然のなかから見つけてきて見事に活用しているケースに出くわすことがしばしばあるが、植物もそのまま使えるようにできた部材を提供してくれることがある。樋を支える木製の樋受け用部材に、斜面に生えることで曲がったカラマツの若木の幹の根元に近い部分がそのまま使われることがある。われわれ自身、近隣のカラマツ林に入った時に、多くのカラマツの若木が雪の重みのせいで根元から曲がっていたのを見て、人々が明らかに自然の形態をそのまま利用していることを直感した［図19］。

曲がった幹は橇のブレードや椅子の背もたれなど、そのほかの用途にも使われていた☆25。

断面が上半分開いた半円弧形の樋や送水管は、特性の斧で丸太を削ってつくられた。ただ、石を張った屋根の場合、樋が必ずあるとはかぎらない。

どの場所も多様な情報に満ちており、それを解読する能力を学ぶ必要がある。そうすることで、身の回りにあるものの意味と可能性を認識し、利用する技能が発達する。

現代において「物の可能性を読み取る」というとき、それは、ほかの使い道のために考案された製品（あるいはその部分）や産業廃棄物のなかに隠れている多様な潜在的可能性を読み取る能力をも意味している。つまり、経済や生産のシステムの論理（あるいは利害）とは離れたところで、その物の多様な特徴を読み取る能力である。その生産を支えてきた論理とは異なる論理に従うことで、廃棄物に見えた物が別の使い道のための半加工品として生まれ変わる可能性があるのだ。

ある製品を設計する際、ここで見た自然の産物のように、はじめからそこに多様な用途の可能性を持たせておくことをも設計目標のひとつに据えることで、産業製品の設計生産のあり方自体が変わってくるかもしれない。

［図19］近隣の斜面に生えていたカラマツの若木。雪の重みでしばしば自然に曲がって成長していた

2 住居と建築技法

一回つくればもう大丈夫★13

トマーティ〈ビエッラ県、クイッテンゴ村（二二〇人）〉

・加工された石（閃長石）をつなぎ材を使って積んだ柱。
・幾何学的正確さとほっそりした優美さ。

「石の加工についての基本的文化は広く普及していたが、採掘が経済活動として成り立つ鉱床のあるような特別な環境のもとにおいてはじめてそれは職業となった」☆26。

現在もなお閃長石の採掘場のあるチェルヴォ渓谷の奥の地域はこうした環境のひとつである。そこでは、非常に多くの建物から、石工の技量と石材を長持ちさせるべくいい仕事をする彼らのプライドがありありと伝わってくるが、その技量はひとつの職業となり、国外に招かれて出ていくこともあった［図20］。

とくにこの地の石は質がいいので（硬く、耐久性に富む）、その意味では間違いなく石工が職業として成立するには有利な環境であった。

標石★14や岩屑、あるいは山裾の岩屑の集積場から採取された石や、高地の放牧場から取り除かれた石などを拾い集めてつくられている建物（あるいはその部分）もあったし、石切り場から切り出され、だいたい四角く整形された石が使われることもあった、なによりも石切り場の廃材が使われることが多かった。

一口に「石」と言うが、石にはさまざまな特徴をもった多様な種類がある。その特徴のなかでも加工のしやすさ（向きによって性質の変わらない等方的な岩石においては硬さと粒子による）次第で石の利用法が左右され、場所ごとに異なる技術が発達することになった。

等方的でなく、薄く裂けやすい片岩質の岩石からは薄い石板が採れ、とくに屋根材に使われる。平行面に沿って割られた石は、未加工、あるいは半加工で、モルタルを使わずとも堅固な石壁をつくるのに使うことができる。

どこで検証した建築物もみな、粗野などころか、土地で手に入る物質的、非物質的資源（知識、技術）を使いながら、高度な技術的配慮をもって建設されていた［図21、22］。

出来のいい仕事は、人に満足感を与える。自分の職業において不出来な仕事をするのを拒否する人もいるが、石造りの建築は、「まるで永遠に持続するかのように」できているという意味で、いい仕事がどういうものかを示すいい例である。そこに妥協はない。逆に現代では、シリコンのような材料が手に入ったために、出来の悪い作業をやってもしばらくは何とかごまかせるという状況になっている。

★13　長持ちすると同時に、つねにメインテナンスも可能なようにつくられていることも重要であった。現在の建て売り住宅の売り言葉であるメインテナンスフリーとは正反対である。

★14　かつて氷河によって谷へ運ばれた岩石が、氷河の溶けた後に残ったもの。迷子石とも。

Russia, Vladivostok, 10 luglio 1908. I fratelli Luigi e Fiorenzo Allara di Campiglia Cervo.

→[図20] カンピリア・チェルヴォ村
（ビエッラ県）出身の腕のいい石工であった
ルイジとフィオレンツォのアッラーラ兄弟。
ロシアで働いた
（撮影：ウラジオストック、1908年7月10日）

相当な労力をかけて完成された
石造建築のふたつの例
↘[図21] 一枚岩を各段に使った階段
↓[図22] かなり大きなピースの石で
構成されたアーチ

2 住居と建築技法

壁を解読することは、場所を解読すること

・ピエモンテ州のアルプスの各地域から採れる一六種類の自然石に対応するかたちで一六通りの異なる石壁の積み方が生まれた。

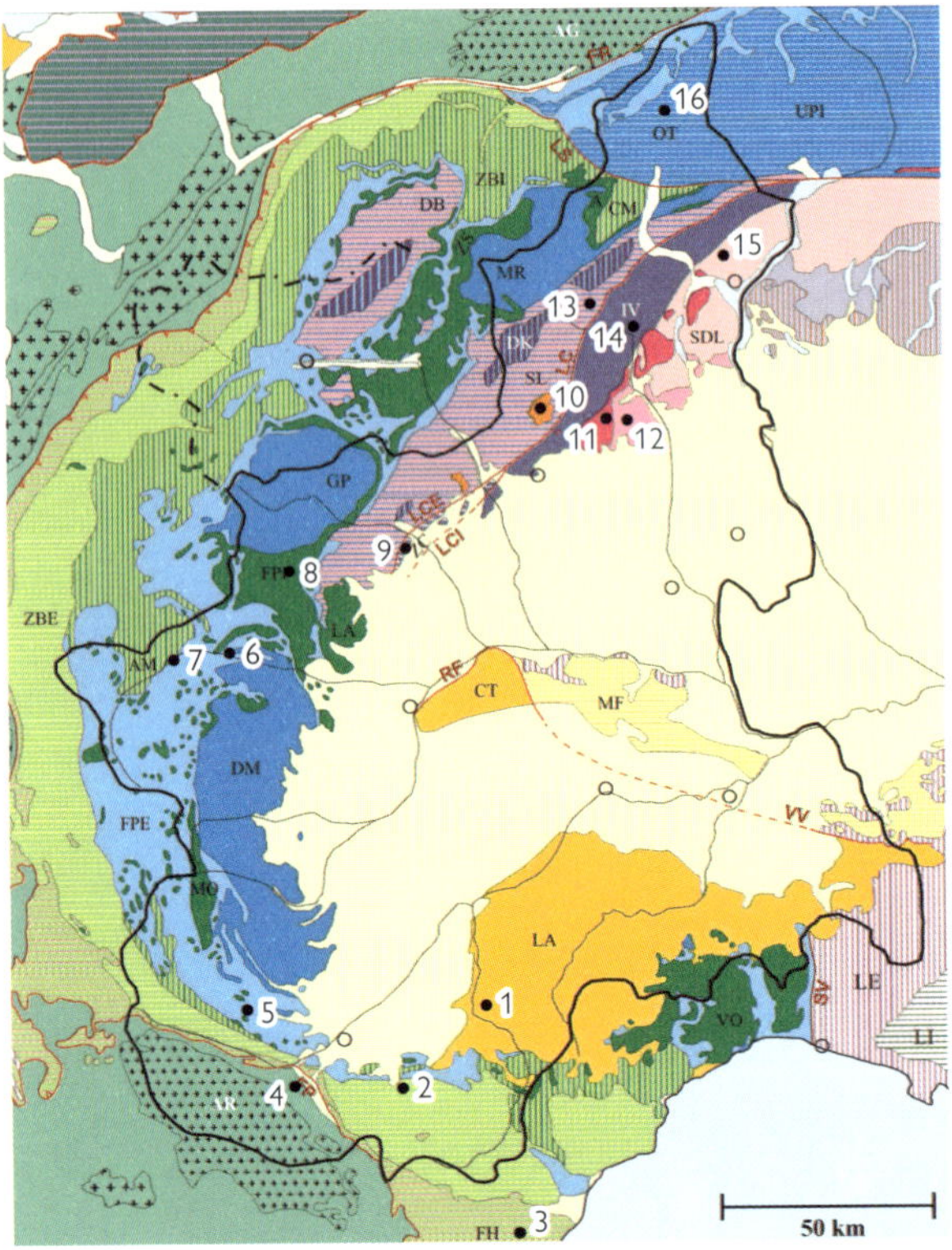

89頁の各写真の撮影場所

1 ロッカ・チリエ村（クーネオ県）
2 プレア村（クーネオ県、ロッカ・フォルテ・モンドヴィ町）
3 ルチナスコ村（インペーリア県）
4 サンタンナ（クーネオ県、ヴァルディエーリ村）
5 バトゥイラ（クーネオ県、カステルマーニョ村）
6 ベッセッティ（トリノ県、ブッソレーノ町）
7 サン・コロンバーノ（トリノ県、エクシレス村）
8 マルタッシーナ（トリノ県、アラ・ディ・ストゥーラ村）
9 ベルモンテ（トリノ県、プラスコルサーノ村）
10 トマーティ（ビエッラ県、クイッテンゴ村）
11 ボッツォラ（ビエッラ県、ソプラーナ村）
12 サンタ・マリア・ニェーロ（ビエッラ県、クリーノ村）
13 アルペ・セッチョ（ヴェルチェッリ県、ボッチョレート村）
14 ヴァルマッジャ（ヴェルチェッリ県、ヴァラッロ町）
15 チコーニャ（ヴェルバーノ・クージオ・オッソラ県、コッソーニョ村）
16 カダレーゼ（ヴェルバーノ・クージオ・オッソラ県、プレミア村）

ラウラ・フィオーレほか編『現代イタリアの自然石の地質学的地図』
（ヴェローナ、ツージ出版、2002）より

- ピエモンテ州のアルプス地域にある16種類の主要な石でつくられた壁のサンプル写真
- 地域と技術のつながりが読み取れる

ピエモンテ州のアルプスには、地質学的分類による主要な自然石が一六種類あり、そのそれぞれに対応するかたちで見た目も特徴も異なる石壁のつくり方が存在する。石の地質学的特徴次第でやりやすい加工法が変わってくるため、部材のかたちや大きさが決まり、最終的に各地ごとの石壁の積み方が決まってくるのだ。

地域ごとの壁の建築方法は、以下の条件によって特徴づけられる。

—石の加工適正。それ次第でどんな形態の石がよく使われるかが決まってくる。

—つなぎ材を製造する素材が手に入るかどうか。

なお、地質的に石を相当量採れる条件があれば、かなりの高さにまで建物を建設することも可能になる。

——

地域で手に入る（場所ごとに違う）石というのは、環境が人間の介入によって姿を変えた人的環境を構成するひとつの特徴的要素である。前頁の16番の写真のような石を扱う人は、2番の写真のような石を扱う人とは異なる技能を発達させたはずである［図23、24］。それぞれの場所ごとに要求される能力が変わってくる。このように、ある場所に住むということは、場所と人間が互いに相手のものとなるということを意味するのだ。

今日、石というと、内装にしても外装にしても、表装材と

［図23］16番の写真における石材とその積み方：割れ肌仕上げのほぼ直方体の片麻岩のピースがつなぎ材なしで積まれている。重力と摩擦だけで成立する壁である

してしか使われることがないが、そうではなく、もっと場所や素材の特性に根ざし、それらと密接な関係を持った建築のための石の利用の仕方を考え出せる新しい創造力が必要である。建築や工学の学校では、修復の領域を除くと、もはや壁のつくり方を教える者が誰もいないのがつねだが、それは、構造の安定性を計算するうえで石という素材をなかなかモデルにし難いことに理由がある。だが、だからといって石壁の有効性を無視できるわけではないことを銘記しておきたい。

［図24］2番の写真における石材とその積み方：基本的に中小サイズの形態もまばらな片岩系の岩石の壁。豊富なモルタルがつなぎ材として構造を支えている

2 住居と建築技法

葡萄畑の墓地が語るもの

ブッソレーノの葡萄畑跡（プラポンティン地区、トリノ県、ブッソレーノ町（六〇〇〇人））

・現在は使われていない葡萄畑跡。

・葡萄の木をささえる木の柱を受けるために地中に打ち込まれた石製の基礎が残っている。

・石の部材には石切り場の廃材が使われていた（わざわざつくった物ではなく見つけてきたもの。八〇－八三頁も参照）。場所との密接な関係が生きている。プロジェクトとしての美しさがここにはある。

・少ない資材で、尊厳のある物をしっかりつくれること。

・背景には農作業用の道具を納める小屋。家と畑が離れていることもあり、労働期には、ここで寝泊まりすることもあった。

現在感じられるその美的価値以外に、これらの葡萄畑の支柱には以下のような評価できる点があった。

―各部分は、地元で手に入る素材（石切り場の廃材や、支柱にするべく拾い集め選別された石材、あるいはそれと同じ大きさの木材など）を最大限に活用しながら、ごく基本的な道具だけを使いつつ、ある熟練した技をもってつくられた結果である。

―多少のバリエーションはあるものの、技術があり、慣れているおかげで、ある程度質の揃った成果に到達する。しかし、地元で手に入る鉱物、植物から選別された素材を加工せずそのまま用途に適応させているだけなので、各パーツの間にばらつきはある。かつては結び目も植物素材（柳）でつくられていた。針金の使用が広まるまで、地元の環境と関係のないエレメントはいっさいなかった。

―機能的にもなかなか洗練されたプロジェクトである［図25］。支柱全体ではなく、石でできた下部だけが地面に接していたので、その上に結合されていた木部は地面の湿気を吸いにくく、またそれぞれのパーツが軽くできるという利点もあった。

経済的にはかなり厳しい条件にありながら、本当の必要性を把握し、洗練された手作業があったために、このブッソレーノの地で、日本の伝統にある「高貴」な接合ディテール［図26］（京都の桂離宮のもの。それを建設した時の経済的条件が貧しい山村のそれとはまったく比較にならないことは明らかである）とも比較できるような成果が生まれたのである。


微細な変化を持ちながら反復される伝統的エレメントが「美しい筆跡を持った」風景を生み出していた。そして石の部分の仕上げは、ただ石を自然に割った割肌仕上げだった。サイズと重量は、ひとりで運べることが基準であった。また、手作業のための労働力は、低賃金ないし無料でいくらでも手に入った。

こういう条件のなかで、伝統的なものづくりの最終的な質は、手に入るものをすばやく使いこなすこと、適材適所の選択能力、全体を構成する手腕、つくる人の気質と熱意、そして市場の提供する資材を購入することをほぼ不可能にしていたこの地域の経済条件などによって決定されていた。つまり、今では、伝統的なものづくりのなかに見えるごく論理的で筋が通って見える部分がよく賞賛されるが、葡萄畑の支柱の例にも見るように、それはかつて存在した不可避な所与的条件の数々がもたらした結果に過ぎないのだ。しかし今日それに比肩しうる成果に到達しようと思ったら相当に綿密なプロジェクトが必要となるだろう。

一方、柳の結び目が針金に取って変わられたように、伝統とは、つねに変化、進展していくことで生命を保ってきたものだから、ある時代に定着した特徴に（それを古典ないし伝統と呼んで）何が何でも固執しようとするイタリアの一部の法規の傾向は大いに矛盾している。身の回りの条件が変われば、ものづくりもそれに対応して変化すべきなのだ。

［図26］桂離宮の建築のディテール

［図25］バール氏の葡萄の木のための
支柱のディテール

2 住居と建築技法

時の流れのなかで変わってもいいじゃないか

ジュッソー村〈トリノ県、プラジェラート村（八〇〇人）〉

- 屋根の被覆材：石板、カラマツ材を割った木の瓦、亜鉛メッキをした波状の板。
- 瓦の上に、木の雪止め。
- 部分的に屋根の被覆材が取り替えられている。
- 自然素材にこだわって遠方から石材を運んで来るよりは、予算の上からも環境への配慮の面から言っても（この金属板のような）産業資材を使うことが望ましいこともある。

かつて屋根の被覆材として最も使われていたのは、藁、石、そして木であったが、それぞれ特徴、性能、手入れの必要性などにおいて違いがある。

一九世紀には屋根の被覆材としては、（たいていの場合ライ麦の）藁が一番よく使われ、二〇世紀のはじめごろにもまだかなり普及していたが、現在ではほとんど残っていない。藁屋根は、その諸特性と厚みによって、ごく低いエネルギー経費で非常に優れた性能を発揮していた。しかも藁は、室内の湿気と呼吸によって発生する二酸化炭素を外部に排除するのにも優れていた。そして、きちんと手入れをすれば、三〇年という耐久性を誇っていた☆27。

ただ、屋根ひとつを覆うのにも大量の藁が必要で、小さな建物一軒であっても、五トンも必要だった。どうやら当時は、収穫された藁の三分の一が各家庭が所有していた三軒の家の屋根の補修に当てられていたようである。労力はかかったが、資材を買うためにお金を使う必要はなかった。

板（普通カラマツなど、繊維が長く樹脂に富んだ木を割ったもの）張りの屋根は石（山岳地帯、とくに片岩質の石の採れる地域ではとても普及していた）を張った屋根やレンガの瓦を張った屋根よりも、水、雪、凍結に対して強く、しばしば一メートルを越える積雪の重量を支える性能にも長けていた☆28。耐用年数は約二〇〇年と言われている☆29。

石の屋根の場合、石のエレメントは表裏とも割肌のままで

［図27］花崗岩質の石を葺いた伝統的屋根。
ところどころに、「雪止め」用に石が突出しているところがある

なければならない。伝統的には、いく晩もの凍てつく夜の助けも借りながら、薄い片岩石に長い鉄の刃先を打ち込んで屋根材を割り出していた☆30。

歴史的に建築に使われてきたこの地域のじつに多様な石材は、次第に新しい技術でコストも低く、はるかに広い市場をもった大量生産製品に取って代わられるようになった☆31。

屋根の勾配と被覆材の重量は、使われている素材次第である。どの素材を選ぶかは、その土地で何が手に入るか、その加工に必要な技術、そしてそこで知られている建築技術次第であった。

各地の伝統、そして地域の諸条件次第で、勾配や棟木の方向、屋根に積もる雪への対応にも多様な解決法があった。建設技術の伝統は、気象条件に関係していたのだ。屋根は建物のなかでも一番悪天候に曝される箇所である。そして実用的理由から雪はすぐに取り除かれてしまうよりも屋根にしばし留まってくれることが望ましいと考えられていた☆32。下へ落ちた雪が周囲の壁や窓、家の周りの通路などを埋めてしまうので、あまり勾配のきつい屋根は豪雪地帯には向かないのである。勾配が緩く、表面の摩擦が大きかったり、雪止めがある屋根が好まれるもうひとつの理由は、積もった雪が断熱効果を発揮するからである。

今日、屋根の被覆材として使われる素材は、設計者や不動産会社、そして地域の建築基準にとって最も考慮すべき要素のひとつであると同時に、最も発展の激しいエレメントのひとつで、今やローザ石を模倣したり、板屋根の伝統を再提起しようとする人が多いが、じつは、この地域の建物の大半は、かつて藁屋根を持っていたのである。

また、九六―九七頁の写真を見るかぎり、最近取り付けた金属板製の屋根材と灰色の雲母質の石板や脱色して銀色に見えてきた板材のいずれもが、酸化することで差がわかり難くなっているので、見た目にも屋根の被覆材の（時間の経過による）変色はポジティブな成果をもたらすと認めざるをえない。

［図28］2種類の素材で覆い分けた屋根。上半分が軽い木の板。下半分が石葺き（こちらのほうが、傷みは激しいため）

2 住居と建築技法

手の知性あるいはgáubi（粋）★15

オーロ村〈ヴェルヴァーノ・クージオ・オッソラ県、モンテクレステーゼ町（一二〇〇人）〉

- 遅くとも一六世紀には建てられた建物。
- それなりに幾何学的にきれいにそろった石壁。
- 屋根を覆うのは比較的小さく厚みのある（五〇―七〇ミリ）石材で、重なる部分がかなり多く（少なくとも三分の二）、勾配の角度はきつく、軒の張り出しはほとんどない。
- 手の知性としての手作業の見事さ。
- エレガンスは厳密に必要なものしかないところに生まれる。

★15　この言葉はオック語の方言で、エレガンスないし、まさに日本語の「粋」（いき）に近い概念を指す言葉。

★16　アルプスの南側をなめるようにあるスイス最南部の州で、イタリアとの国境沿い。

中世後期以降、オッソラ地域の伝統的な家はほぼ完全に石でつくられていた（屋根の被覆材には板状の片麻岩、周囲の壁には正片麻岩が使われた）。

これらの家は、ごく基本的な箱型のボリュームをなし、上から見ると長方形、建物の幅はごく限られ、地上二、三階くらいの高さで、屋根は切り妻でかなり勾配がきつく（傾斜は約八五パーセント）、軒の張り出しはほとんどなかった。壁は厚く頑丈でバルコニーがあることは稀であった。これは、アルプスのほかの地域に普及していた家とは異なる形態の建築で、セージア渓谷、ティチーノ州★16にかけての地域に見られるものである。この建築の特徴は、この地域で採れる石の特性に負うところが大きい。この石は割ると幅は少なく厚みのあるピースが採れるのだが、そのため、屋根材として使う小さな石板同士が重なる部分が七〇パーセントにまで至るかたちで屋根がつくられるので、かなりの勾配になるのだ☆33。こうしてつくられた屋根は非常に重く（一平米あたり三〇〇—五〇〇キロ）、伝統的には棟木も母屋桁もなしで筋交いを入れた小屋組をつくって支えていた。この技法は、定期的にわずかばかりの手入れをする必要があるだけで、重量にたいへん強く、長持ちする点でも優れていた。

中世後期になると、きれいに四角く加工された石をきちんと積んで、薄い良質のモルタルの層で挟んで固めるかたちで、壁はかなり見事に仕上げられるようになった。建物の角にくる隅石はかなり大きなサイズでつくられ、扉口と窓の枠は、迫力のある側柱と一枚岩でつくられたアーキトレーブで構成されていた。外部に置かれた階段は、木製でたいてい出し入れが可能なものだった。

水平構造は木製の床であった。これらの家はかなりのボリュームがあり、「土地を無駄にしないように建てられてはいたが、互いに背中合わせというほどではなかった」☆34。

黒死病の流行の後、それ以前に倒壊した家々の廃墟の跡に新しい家々が再建された。村の構造は中世後期のものが残っていたが☆35、建物自体は、「硬くて加工の難しい花崗岩や片麻岩の代わりに、片岩質の、それも不揃いな石を使う、ぞんざいで大雑把な壁づくりの技術で」つくられるようになった☆36。モルタルの筋も不揃いで扉や窓は大きくなった。一階にはそれまでなかったアーチ天井を使うようになった。オッソラに残る非常に多くの建物の建設は、一六世紀から一八世紀まで続いた、この技術的変革と居住空間の量的拡張の時期に遡る。この時期には、農地を潰さないように「既存の建物と村の路地の上にかかる空中建築が重層化されることで、驚異的な密集化が進んだ」☆37が、結果として不健康な建物をつくることになった。とはいえ、垂直、水平の連絡通路が縦横に走り、「驚異的に折り曲がり続ける（支柱のない）外付けの階段［図29］や、たいてい石の腕木が支える小ぶりのバルコニーや出入り口のブリッジなどの」☆38見事な建築的レパ

ートリーを生むことにもなった。そこには、今日では、どんな構造設計家も責任を持つのを怖がるような大胆なつくりが多々見られるが［図30］、実際にはこの「地震性」とされる地域で数世紀も見事に立ち続けているのだ。

　これらの建物からは、偉大な一貫性をもった建築術、強い品格、そしてわずかに手に入る資材からでもなんとか物をつくり出せる能力などがひしひしと伝わってくる。これらの建物たちこそ、「数世紀に渡る実験によって練り上げられながら、今やごくささやかな外見のなかに隠れた建築の教訓」☆39そのものなのである。その教えとは、簡素な方途でよりよき結果を引き出す熟練の技と野心を意味するが、いずれも控えめで、己をひけらかそうとするところはかけらもない。

　できた建物は、一見どれも同じに見えるが、品格があり、あるときは非凡で、土地にあるものでいつもなんとかする能力を持つ建設者たちの仕事ぶりからは、各職人の仕事の個人的な特徴を今も認めることができる☆40。

「gàubi（粋）という言葉は、ある（個人的な）能力というか、各人の頭と手が介入する切り口というか、作品をつくったり、ある行動をする際に人が見せるスタイルを指すものである。（集団の共有する伝統的な能力のなかから、個の能力が浮上し、際立っていく所を指す）。gàubi（粋）は、じつに多様な局面で顔を見せるが、何よりもまず、山村の人々が、厳しい環境条件のもとで生き抜くなかで身に付けた創意の表現である」☆41。

「現代技術によって減ったり、不要になったりした仕事というのは、いろいろな材料に人が手を触れて行なう種類の、技術的、生産的な仕事である」☆42と言われたように、われわれの社会のシステムは、知識、技術＝能力、そして責任を排除するようにできている。機械化された生産行為に関わる活動は、知的観点からいうと貧しいものである。人の身に付けた技術＝能力が必要とされなくなるということは、知的活動の喪失と並行した現象なのだ☆43。

［図30］アルトッジョ村の建物の外部階段。大きな一枚岩でできた各段の荷重が一番端にはさまれた小石を通して解消される仕掛け

→［図29］オーロ村。路地をはさんで向かい合う建物両方の階上へ通じる空中階段

2 住居と建築技法

オリジナルの外観とエネルギーの問題

アルテーノ村〈ヴェルバーノ・クージオ・オッソラ県、モンテクレステーゼ町(一二〇〇人)〉

- 一五世紀の伝統的な建物を修復したもの。
- 外観はほとんどオリジナルのまま残っている(断熱のためのストラテジーをなんら採っていない)。
- 建物の外被は完全に石造り。
- 外からは見えないが、水平構造と屋根の構造は木造。

前頁の写真の建物は、アメリカ人のケン・マーカルトがセカンドハウスにするために、一九九四年から一九九五年にかけて修復したものである。継続して使用するとした場合のこの家のエネルギー消費に関する数値は以下の通りである。
―二九三六ディグリー・デー★17☆44。
―使える床面積：約一〇〇平米、建物のボリューム：約三〇〇立米。
―壁面を通しての熱伝導量：二・二七ワット／平米・ケルビン。窓部分は一・二一―二・〇七ワット／平米・ケルビン。
この条件からすると、暖房による年間の熱消費量は一九九〇〇キロワット時ということになり、年間一平米あたり一七七キロワット時ということになる。この必要に応えるには、約五トンの薪を燃やす必要がある。これは一・六ヘクタールの混成の広葉樹の輪伐林（二〇年周期）のもたらす薪で十分持続的に賄える分量である☆45。

――

たとえ民俗学的な視点を採ったとしても、今ではかつてと衣服の着方も異なるし、かつてよりも高い温度を室温として必要としているので、これらの建築における本来の生活条件がどのようなものであったかを今日適切なかたちで考察することは、容易ではない（同じことが日本の民家に関しても言える）。

自然条件から身を守るための避難所であった家を、今日の生活において手放すことが難しいさまざまな条件を満たす住居へとつくり変えるにあたっては、伝統的な建物の外観を維持することと、建築外被からのエネルギーの分散を最小限に抑える必要の間で和解点を見出す必要がある。

このような石造りの伝統家屋を修復するには、以下のように、いくつかの「パッシブ」★18なストラテジーが想定できるが、それぞれに長所と短所が出てくる（以下の五つの戦略は、次頁の［図31］の1―5に対応する）。

1：もし建物の内側に一層の断熱材を貼り付けるとすると、もともと少ない床面積がさらに減少することになるうえ、壁による熱の蓄積を期待できなくなり、結局すぐ温かくなるが、またすぐ冷える室内ができることになる。

2：もし断熱材を建物の外側から貼ると、壁の熱蓄積を活かすことになり、室内温の上下を緩慢化できるが、伝統的な建物の外観のアイデンティティが失われることになる。

3：外側に新たにつくった壁と内側のもともとの壁の間に断熱材を入れるとすると、上記ふたつの例の長所と短所を一部ないし全部引き受けることになる。

4：建物の南面に接してサンルームを設けるとすると、利用可能な追加スペースができる。人工的には暖房を施さないが太陽に照らされると内部はすぐ暖かくなり、ほかの部屋のためにこの暖かい空気を回すこともできる。建物は外観を変えるが、新たに追加された構造は軽やかなもので、分解可能なものである。

5：もし建物全体をガラス張りの二次的外被で外からすっかり包むと、オリジナルの建物にはいっさい直接には手を加えず、太陽光でパッシブに温められた室内ができる。あとは空調をどう解決するかである。この新しい外被は分解して最初の状態に戻すことも可能である。

　これらの「パッシブな」方法を採れば、暖房設備を使ってアクティブに気温調整をする必要がかなり抑えられる。それから、住民がこうした家ならではの条件を受け入れるというもうひとつの可能性があることも忘れないでおこう（一〇四—一〇五頁の写真の建物の修復者は上記のストラテジーのいずれも選択しなかった）。季節による気候変化に対応するなによりの手は、通年Tシャツで通すというのでなく、室内温に応じて重ね着したり、薄着をするという手である。冬は寒ければセーターを着ればよい。快適な温度というものは、気候と同時に文化に大きく左右されるものなのだ。

★17　暖房や冷房のための電力使用量の目安にするために考案された気温の積算値。度日ともいう。日平均気温が、暖房の場合は基準温度（一四度）以下の日について、冷房の場合は基準温度（二四度）以上の日について、その差を一年間積算したもの。

★18　エネルギーを使うことでアクティブに生活空間の環境条件を変えようとするのではなく、環境に負荷をかけず、太陽や風など自然のエネルギーを上手く利用する設計態度。

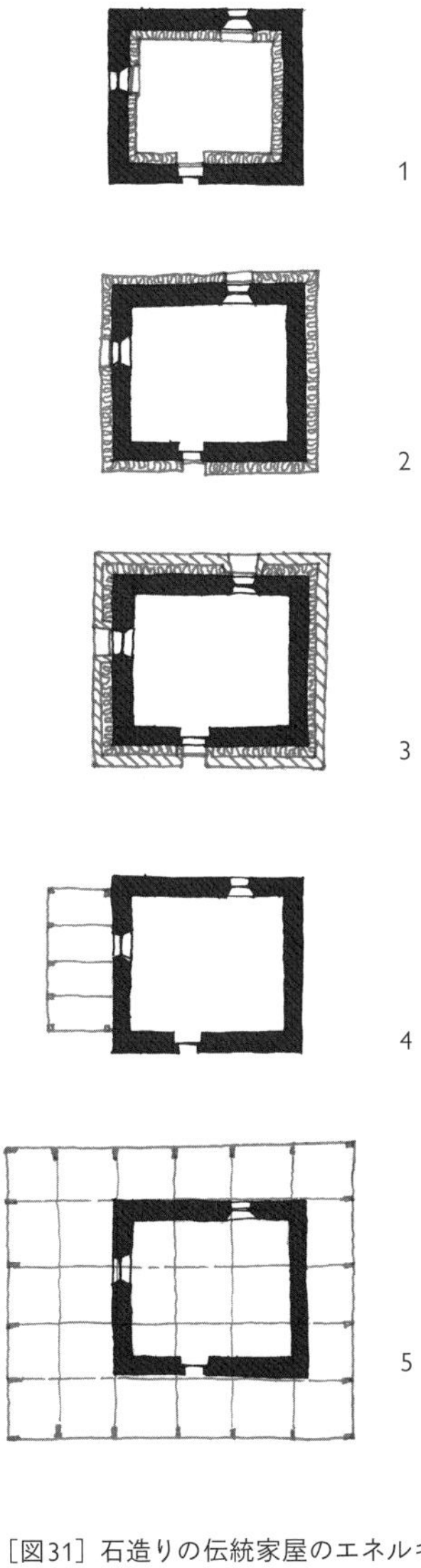

［図31］石造りの伝統家屋のエネルギー問題をパッシブに解決する5通りのストラテジー

2 住居と建築技法

個別の現実と法規の適用

キオッソ・インフェリオーレ〈クーネオ県、エルヴァア村（一〇〇人）〉

・石積みの外壁（つなぎ材があるのが見える。石の大きさは大小ある）。

・木のアーキトレーブと枠に鉄格子がかかり、四五度の角度の隅切りになった中世風の窓★46。

・この窓は、最小の表面積によって最大の光量を得る仕掛けだが、ただ単純に窓の表面積だけを計算する法規にとり、この特徴は評価の対象にならない。

通気と自然採光のための開口部の大きさについての法規（床面積の一〇分の一以上を要求する）を山村の建築にそのまま適用すると、しばしば周囲の石壁に対して大掛かりな改修を施す必要が出てくる。隣の頁にある平面図と立面図にある建物［図32］（トリノ県、サルベルトラン村［五〇〇人］のセウ郷）だと、床面積は約六三平米。ということは、法規からいうと、改修によって窓を最低六・二八平米まで広げる必要があることになり、二階の窓面積（一・一六平米）を、新たな開口部をつくったり、入り口の扉（四・二〇平米）を入り口も兼ねるような大窓につくり替えて拡大する必要が出てくる。あるいは、室内の一部を通気や自然光を必要としないタイプの部屋につくり替えることもひとつの手である（そうすることで全体の床面積が減るので、増やすべき窓面積も減る）☆47。

———

衛生と建設に関する現代の法規は前産業的世界の住環境とは無縁のものであり、さまざまな場所の多様性というものをいっさい考慮せずに書かれている。そのため、伝統的な建築に適用しようとすると不向きであることが多い。多くの法規が数値的な結果だけを求め、その解決方法には無頓着だという傾向があるため、山村の建築のデリケートな特徴とは相容れない条件設定が生まれるのである。

あまりにも詳細な法規や規定は、各地の特別な環境を考慮できる実際の現場で働く人たちによって書かれていないと、逆効果とは言わないまでも、有効に機能することはできない。平地や都市部に適した建物の高さ、各部屋の広さ、窓の大きさ、部屋の配置などは、ここでは意味がないのである☆48。多くの場合、伝統的な遺産をよりリスペクトした解決方法が採られないのは、経済的理由というよりは、ただ怠慢さからくるものである。建設業者というものは、勝手知ったる技術ばかりを使ってやりくりしようとするものなのだ。

昔の建築と現行の法規の間の矛盾は、市町村や衛生局、消防署そのほか、建築許可を出す公的諸機関と未来の利用者の間の生産的な協力関係によって解決されるべきである。各ケースの個別性を無視することはできない。法規を鵜呑みにするというのではなく、ある部分が法規に合わないとしても、ほかの部分でそれを補う補完的な視点をとりながら解決の道を探るべきなのだ。

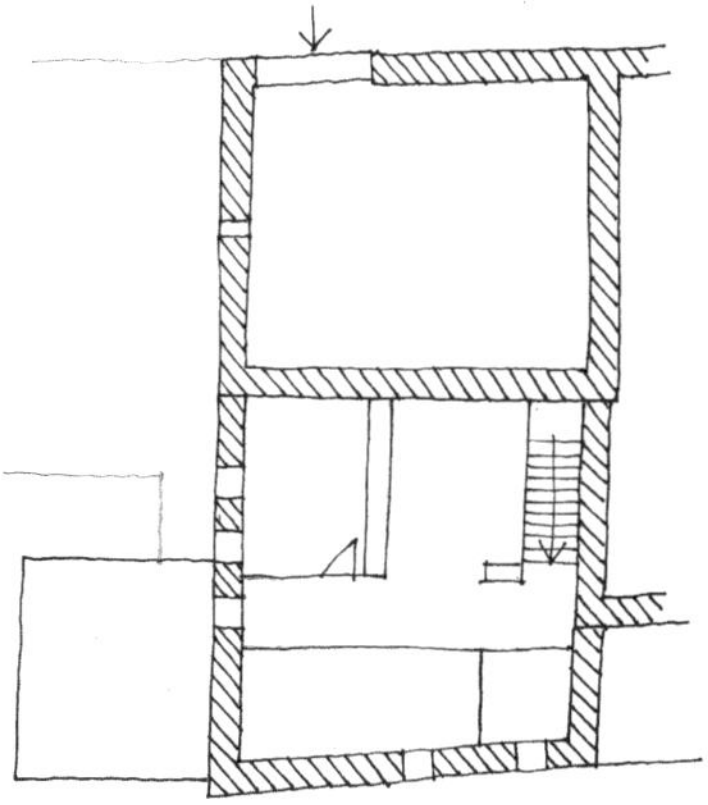

改修前の平面図

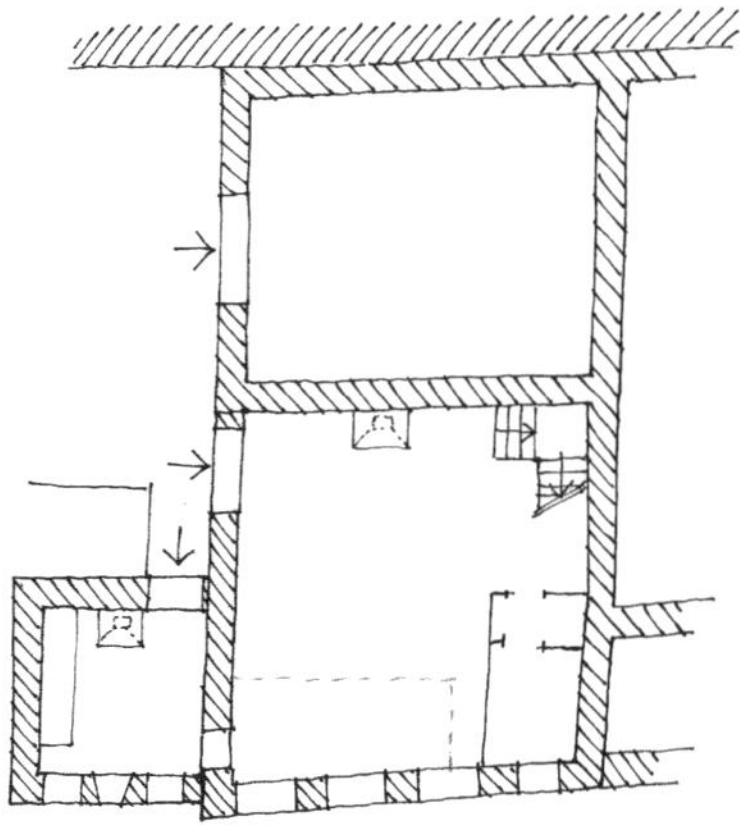

改修案平面図

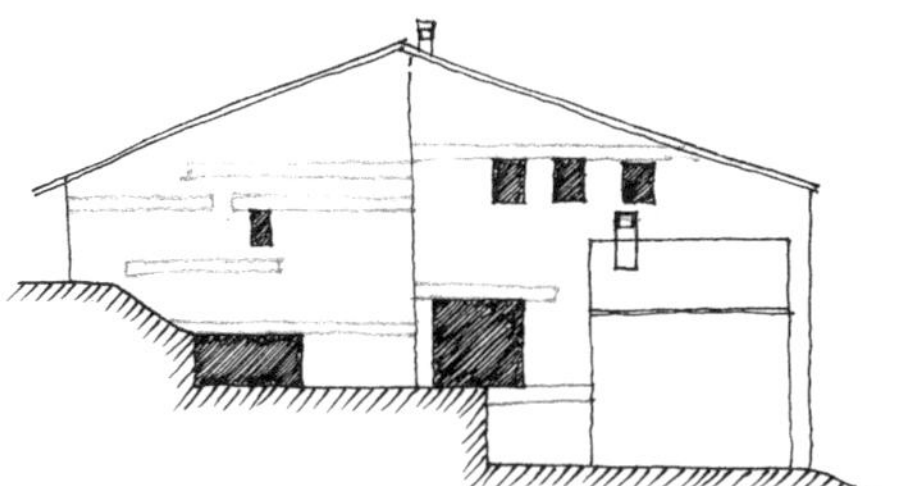

改修案立面図2

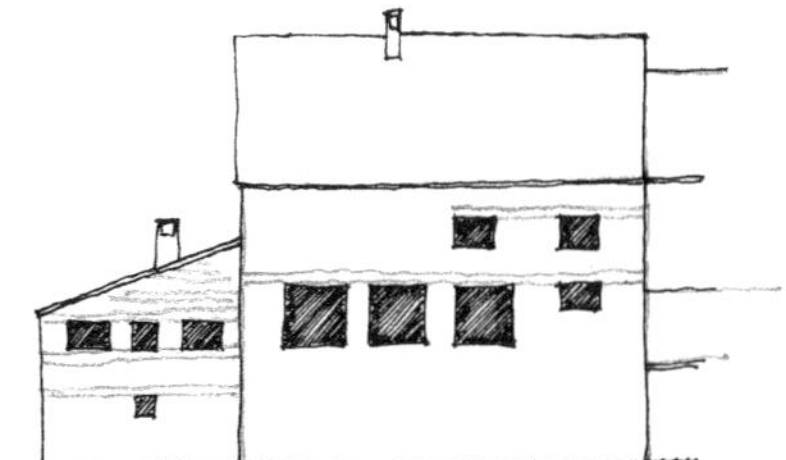

改修案立面図1

［図32］セウ郷のある家の開口部の拡張工事

2 住居と建築技法

空き家と伝統

サン・ベルナルド
〈クーネオ県、オスターナ村（七四人）〉

・複数階の建物。各階に人間、動物、物品ごとに用途分けされた入り口がある。
・建物の外壁は薄い片岩質の石を積み、モルタルで固めてつくられている。
・倉庫用の部分（右側の棟）は、屋根があり、通気の窓はあるが、窓には窓枠がない。
・窓枠の内側と住居になっている部分の正面部分は、漆喰かペンキで白く塗装されている。
・丸太の構造の上に石瓦を積んだ屋根には樋がない。
・メインテナンス、修復の跡いっさいなし。

アルプス西部に残っている「伝統的」建築は、たいがいが一八世紀から一九世紀前半の間に建設されたものである☆49。山村のなかで「伝統的」といえる建物とそれらの場所が最も賑わった一九世紀半ばすぎのラッビーニ不動産登記台帳★19に記載されている建物は、基本的に一致する。

われわれの製作した図［図33］の上で、ブッソレーノ町メイトレ村の現状と一八六四年のラッビーニ不動産登記台帳に記載された状態を比較することができる。その後の五〇年間の間に起こった村の成長は、一方でオリジナルな中核部分の密集化を招き、周辺部に小さな付属的機能を担う建物を建てさせ、空きスペースを埋めて飽和状態をもたらした。他方では、一八八二年に学校を、周辺のどの村からもアクセスしやすいように道路に面して建設させることとなった。

ところが、一九世紀半ばには住居であった建物のなかでいまや屋根が落ちたり、すっかり倒壊してしまっているものも少なくない。そして、これら廃屋化している複数の建物がとくに村の中心近くに集中しているというのもおそらく偶然ではないだろう（そこは日当り、明るさ、見晴らしが最も悪い）。

これらの変化はともかくとして、メイトレ村の構造は、昔からだいたい変わりなく、八五軒中六八軒が少なくとも一五〇年以上前に建てられたものである。

過疎や修復作業の不在が理由で、建築や村落丸ごとがオリジナルそのままの姿で残っているのを、山岳地を歩き回りな

がらよく目にしたが、それはやがて崩れ、建設に使われた素材が自然に帰る前のきわめて不安定な状態である（一八四―一八七頁参照）。

オリジナルのフォルムと素材を守ることを強制する法規（たいてい浅はかなものでフェティッシュともいえる）があるために、これらの建物は再利用の道を絶たれ、自ずと過疎化が進むのである。

ずっと使い続けるということは、頻繁にわずかずつメインテナンス作業をしていくことを必要とする。こうすることで建物は、「本当の」意味で「生き続ける」のだが、それは必ずしもオリジナルの姿を守り続けることではない☆50。

手を掛けていく場合、現在の文化や社会にふさわしい外見や機能性を持ち、人々の行動やモデルを反映するべくもともとの建物をつくり替えていくやり方もありうるのだ。

一方、別用途での再利用の対象となりうる空き家に関しては、（セカンドハウスの場合も含めて）オリジナルのときとは必要とされる機能も変わるので、再生プロセスも変わってくる。

このような状況に対応するには、法規の遵守を担当する役目の人間の直接参加も得ながら、新しい適切な計画を進めることが必要である。

★19　アントニオ・ラッビーニという測量技師の名にちなむ。彼が一八五三年に当時サヴォイア家のサルデーニャ王国（一八六一年に各地を統一し、イタリア王国になる）の首相であったカヴールに不動産登記台帳製作の長に指名され、その指揮のもと、トリノ周辺の地域において一八五七年からはじめての大規模な正確な建物の測量が行われた。測量は一八七〇年まで続けられ、その後、統一後のイタリアの統一不動産登記台帳の基礎となる。

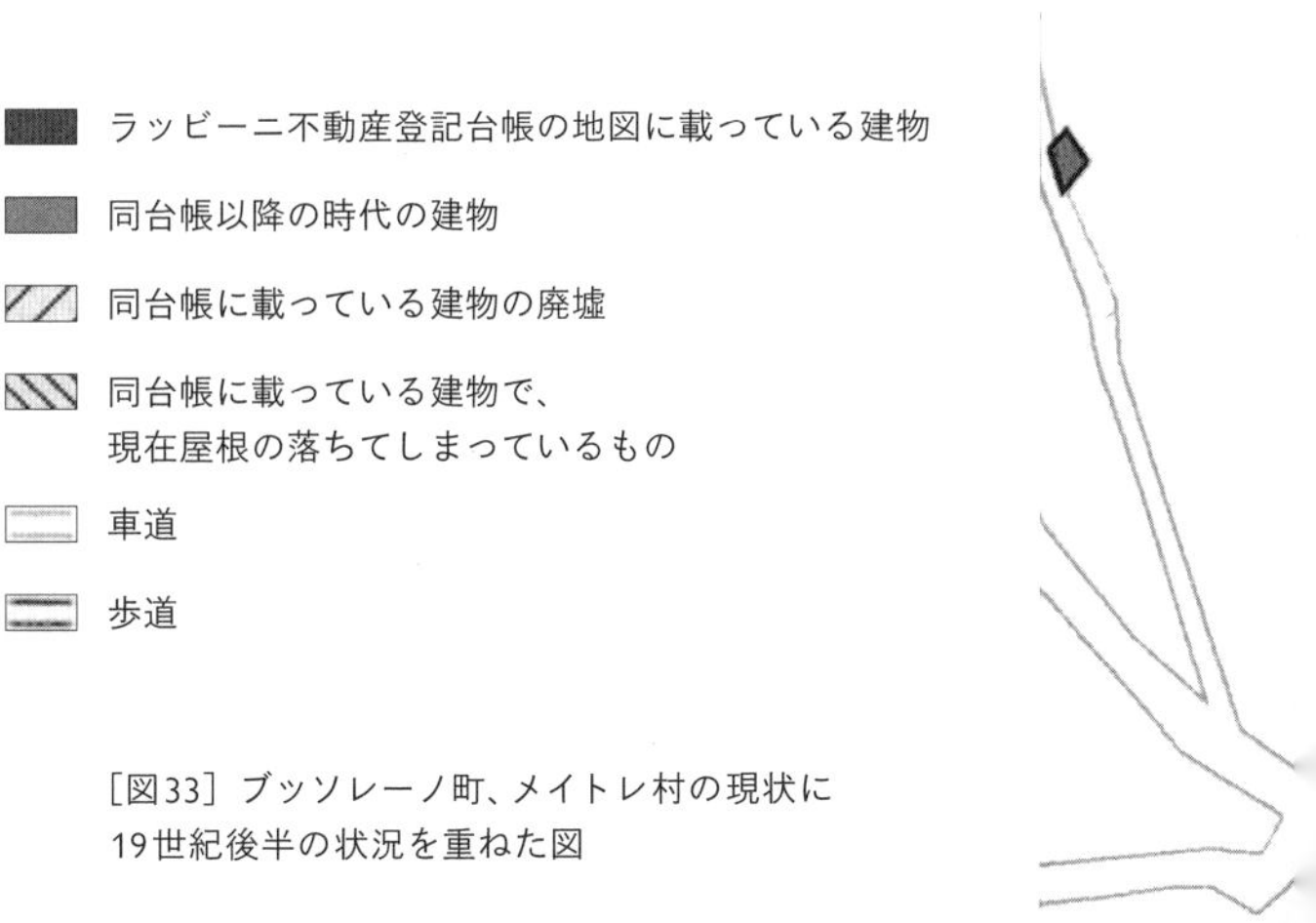

［図33］ブッソレーノ町、メイトレ村の現状に
19世紀後半の状況を重ねた図

3 エネルギーと農業

自給自足のための地域的基盤

カヴァイオーネ渓谷の左側斜面〈ヴェルチェッリ県、ロッサ村〉

- ブナだけが生えている森。
- 過去には、森の合理的な活用があった（毎年約五パーセントだけを選別しながら伐採していた）。
- 今日この「燃料貯蔵庫」はいっさい利用されていない。

［図34］カヴァイオーネ渓谷の地図の部分。1759年の地図

一七五九年の地図〔図34〕は、製鉄業の燃料供給を支えていたそれぞれの森の生産能力を簡潔に示してくれる。一一六―一一七頁の写真の森は、地図上の229番の数字（丸で示した箇所）に示された森で、「王の鉱山用」とされていた。直径二六センチのブナと白樺の木が生え、広さは一〇・九八ヘクタール。年間の薪の生産量は五七九立米で、そこから三三三〇〇キロの木炭が採れた（当然、一八四五年にメートル法が採用されるまで、これらの量は異なる単位で記載されていた）。

高木林の年間成長量は、密度にもよるが、五―七立米／ヘクタール、輪伐林では七―八立米／ヘクタールである。ある森からいかほどのバイオマスが入手できるかを計算するには、上記のような自然生産量に適切な係数を掛けて（エネルギー変換に使える量はどのくらいか、地主がどれくらい薪を提供してくれるか、森の豊かさが守られる保証があるかなど）計算する必要がある☆1。

――（休暇目的の短期的なものではなく本格的に）山に住むには、その前提として周囲の環境を整備維持する活動を考えなければならない。こうした作業を助ける道具や機具は、地域の生産サイクル全体の経済的自立を目的として、エネルギーはもとより、食糧を生産するために備えるべきである。

組合形式で営まれることもある木質燃料の生産や配給、そしてエネルギーへの変換は、太陽熱、風力、水力などの自然エネルギーとともに、地域を支える自立的なエネルギー生産システムの一部を担うことになるのである。

3 エネルギーと農業

住居、土地、エネルギー（食糧、燃料）

オーロ・メッツァーノ〈ヴェルチェッリ県、ボッチョレート村（二一一人）〉

- かつては住居であったが（一階は家畜用で、人は二階に住んでいた。三階は干し草や穀類の貯蔵庫として使われていた建物。往時は、ストックされた藁が断熱材の役割も果たしていた）、現在では薪や干し草の倉庫としてだけ使われている建物。
- 石の外壁はモルタルで固めてある。
- 開廊式（ロッジア）の屋根裏空間には木材で囲いがめぐらされている。
- 屋根は木構造の上に石を葺いてある。
- あとどのくらいストック（すべて土地で採れたもの）があるかが外から一目でわかるようにできているので、ストック量が減るにつれて補給がなされた（燃料メーターのようなもの）。
- 温エネルギーの利用を支えるインフラとなっている。

本来住居であったこの建物は、現在燃料（薪）と家畜および人間の食糧の保存場所としてだけ使われている。エネルギーに変換しうるこの土地の多様な資源が山積みにされているわけだが、それは、まるでさまざまな焼却器（人間、動物もそのひとつ）のための燃料の積載所とでもいえるものだ。

一階は三〇平米の利用可能な床面積があり（体積としては七八立米）、二階、三階は四四平米ある（それぞれ体積は八九立米と一五六立米）。

したがって干し草置き場には、縄の網で包まれた一束平均約八〇キロの藁を約一五〇束納められる勘定になり、藁の重量は一二トン以上になるが、これは、放牧の不可能な五―六カ月の間三頭の成牛とやはり三頭の羊か山羊が食べていけるだけの分量である☆2（山麓ないし中腹の牧草地から刈り取られ保存された干し草は、冬の間の家畜の飼料になるが、家畜のほうも、晩春と晩秋には近隣の牧草地で、また夏期に一〇〇日は高地の牧草地で生の牧草を食べることで、自分たちの保存食料を倹約することになる）☆3。

この建物は、このほか四人の人間の食糧として必要な穀類を六〇〇キロ以上保管できる。この穀類の一部はパンにされ、その多くは（保存用に）乾燥された。また一部は小麦のままで保存され必要に応じて粉に碾かれた。

小屋の外とはいえ、雨からは守られた薪置き場は、体積にして一四・五六立米あり、そこには整然と積まれた四つ割り材が一二・一三立米分は収まる。これは、生木の状態でだいたい一二五〇〇―一三〇〇〇キロの重さになり、乾くとこの薪は約一四〇〇〇キロワット時（五〇〇〇〇メガジュール）の熱量を生み出す（実際にはこの熱量は、木の種類、そしてとくに湿気の度合いなどによって大幅な差異が見られる）。

フランス・アルプスのいくつかの地域では、最初から資源の保存用につくられた建物があった。これらの建物がトレゾール（trésor：フランス語で「お宝」を意味する）と呼ばれていたことはいかにもだが、そこには、小麦、ライ麦、大麦、飼葉などが別々に木の箱に入って納められていたほか、薫製肉はつり下げられ、また、家族の富である晴れ着、大事な服、書類などもここに大切にしまわれていた。またこうした建物にはよく地下室もあって、豆類、果物、シードル★1、ワインなどが保存されていた☆4。

生産のサイクルが住居と周辺の土地を結んで以下のふたつの成果をもたらす。

―薪用の木を集めることで、畑や牧草地が利用可能な状態に保たれる（若木を切ることも含め、手入れを怠り放置すると土地はすぐ森林と化してしまう）。

―牧草地と放牧地は人間に必要な食糧を供給する家畜を養うのに必要。

灰と家畜と人間の排泄物は畑や牧草地の肥やしとなることで、このサイクルを閉じることになる。

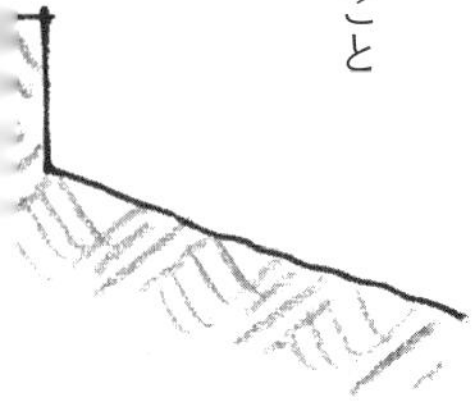

★1　リンゴまたはナシの果汁からつくった軽いアルコール飲料。

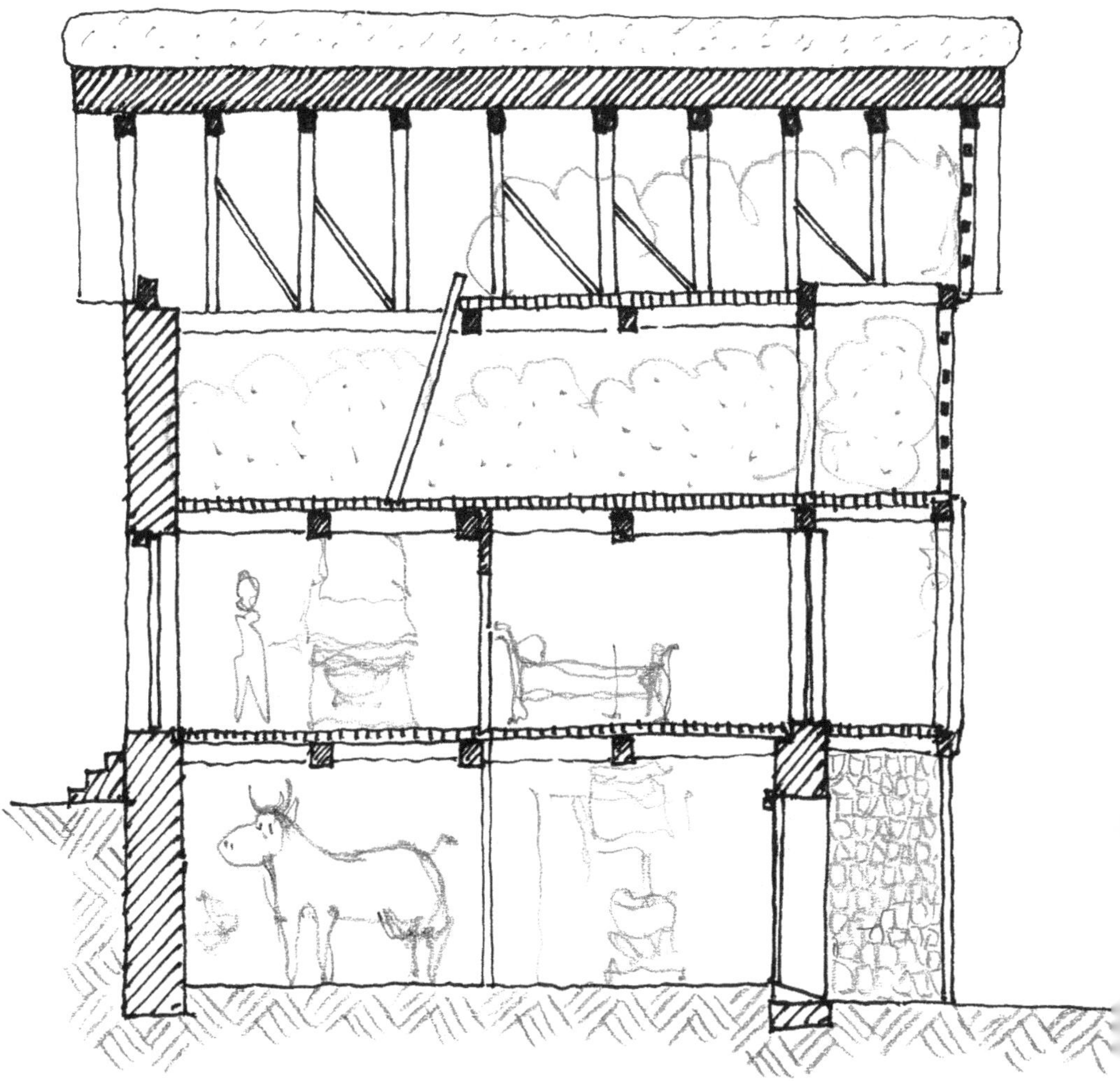

［図35］120－121頁の写真の建物が住居として使われていた状態

3 エネルギーと農業

理解可能なテクノロジー

ガイド〈トリノ県、トラヴェルセッラ村（常住者なし）〉

・給水場とクロティンというこの地方特有の貯蔵庫。

・チーズの保存に適した環境条件（温度と湿度）を維持するための専用の建造物。

・一部が地中に埋もれており、石の分厚い壁があるために内部の気温の変動がごくわずかしかないことを利用した保冷機械である。

・中を流れる清水は内部の気温を低く保つために役立つが、そのまま下に流れていくので、下の地域の水の利用を妨げることがない。

・冷エネルギーの利用を支えるインフラとなっている。

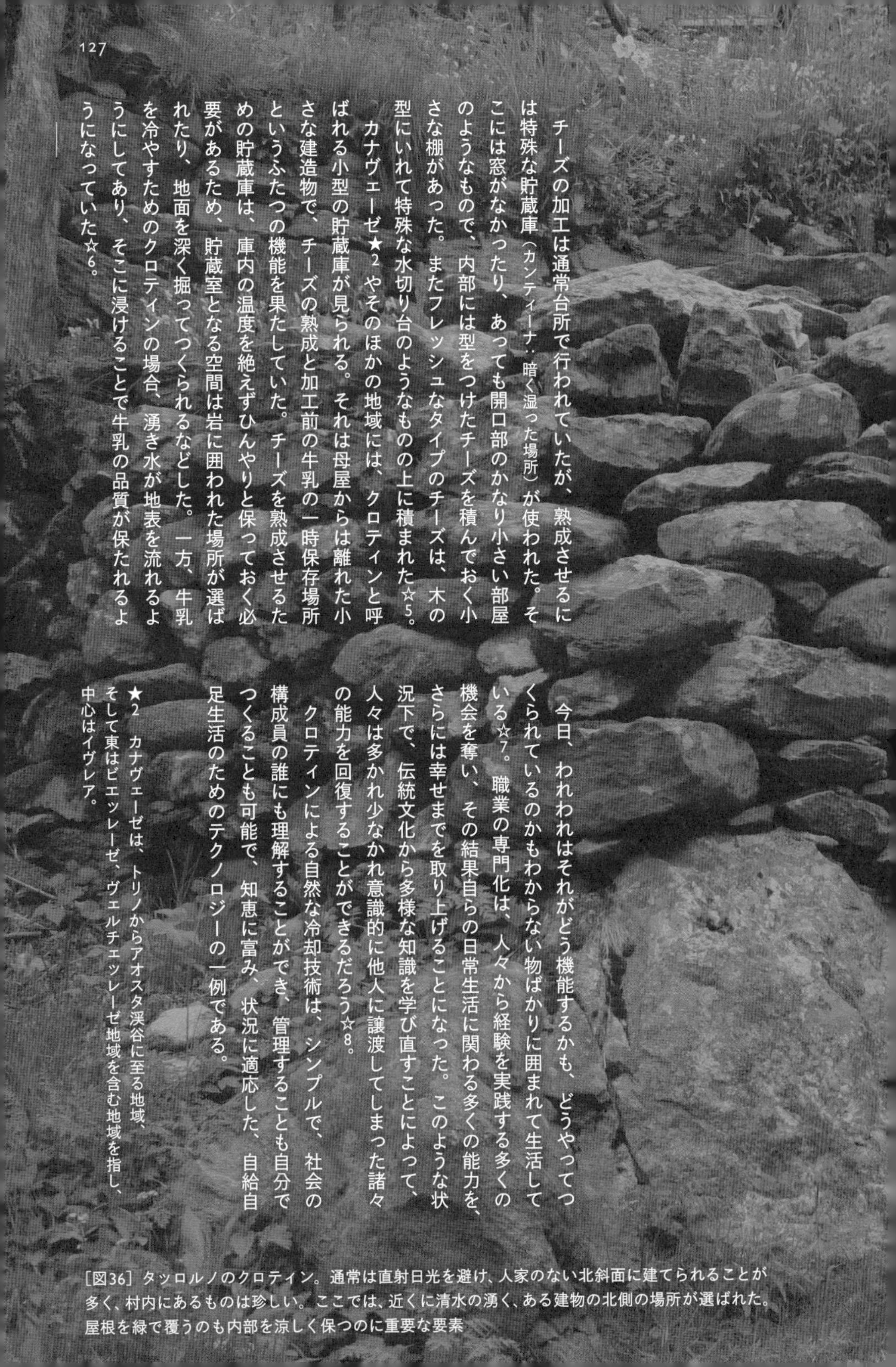

チーズの加工は通常台所で行われていたが、熟成させるには特殊な貯蔵庫（カンティーナ：暗く湿った場所）が使われた。そこには窓がなかったり、あっても開口部のかなり小さい部屋のようなもので、内部には型をつけたチーズを積んでおく小さな棚があった。またフレッシュなタイプのチーズは、木の型にいれて特殊な水切り台のようなものの上に積まれた☆5。

カナヴェーゼ★2やそのほかの地域には、クロティンと呼ばれる小型の貯蔵庫が見られる。それは母屋からは離れた小さな建造物で、チーズの熟成と加工前の牛乳の一時保存場所というふたつの機能を果たしていた。チーズを熟成させるための貯蔵庫は、庫内の温度を絶えずひんやりと保っておく必要があるため、貯蔵室となる空間は岩に囲まれた場所が選ばれたり、地面を深く掘ってつくられるなどした。一方、牛乳を冷やすためのクロティンの場合、湧き水が地表を流れるようにしてあり、そこに浸けることで牛乳の品質が保たれるようになっていた☆6。

今日、われわれはそれがどう機能するかも、どうやってつくられているのかもわからない物ばかりに囲まれて生活している☆7。職業の専門化は、人々から経験を実践する多くの機会を奪い、その結果自らの日常生活に関わる多くの能力を、さらには幸せまでを取り上げることになった。このような状況下で、伝統文化から多様な知識を学び直すことによって、人々は多かれ少なかれ意識的に他人に譲渡してしまった諸々の能力を回復することができるだろう☆8。

クロティンによる自然な冷却技術は、シンプルで、社会の構成員の誰にも理解することができ、管理することも自分でつくることも可能で、知恵に富み、状況に適応した、自給自足生活のためのテクノロジーの一例である。

★2　カナヴェーゼは、トリノからアオスタ渓谷に至る地域、そして東はビエッレーゼ、ヴェルチェッレーゼ地域を含む地域を指し、中心はイヴレア。

［図36］タッロルノのクロティン。通常は直射日光を避け、人家のない北斜面に建てられることが多く、村内にあるものは珍しい。ここでは、近くに清水の湧く、ある建物の北側の場所が選ばれた。屋根を緑で覆うのも内部を涼しく保つのに重要な要素

3 エネルギーと農業

蓄積された熱を利用する

セッティモ・ヴィットーネ町〈トリノ県(一五〇〇人)〉

- ドーラ・バルテア渓谷★3 の南向きの斜面。
- 石を積んだ擁壁によって耕作可能な平地(段々畑)をつくっている。
- 垂直の石材と水平の木材で葡萄の蔓棚がつくられている。
- ネッビオーロ、およびエルバルーチェ種★4 の葡萄畑。
- 潜在的な資源(この場合、擁壁によって生み出される耕地と太陽熱)を利用するために、はじめに大掛かりな労力をかけ、以後も絶え間ない管理修復が行われる。
- 使える場所を用途に合わせてつくりかえている。

★3　ドーラ・バルテア渓谷は、アオスタ州のモンブランから流れ出す同名の川沿いの谷。

★4　ネッビオーロは、ピエモンテ特産の高級赤ワインのバローロ、バルバレスコなどに使われる黒葡萄。エルバルーチェは、ピエモンテはカナヴェーゼ県のカルーゾ近辺にのみ生育する白葡萄で、白ワインの原料。

岩石の比熱（単位：kJ/kg*K）は、花崗岩類（〇・五五―〇・九三kJ/kg*K）から片麻岩（〇・七四―一・〇〇kJ/kg*K）、そして硬く締まった石灰岩類（〇・八八―一・〇〇kJ/kg*K）までと差はあるが、わりと高い。また、水の比熱は四・一九kJ/kg*Kなので、もし岩石に水分が含まれていると、とくに多孔質で不透性の岩石の場合、比熱はさらに上がることになる。粘土質の土壌は普通、砂質の土壌よりも比熱が高いが、山間部では平野ほど粘土質の土壌がなく、土壌に蓄積される熱量が少ない分を段々畑の擁壁をつくっている石のボリュームが十分補ってくれる（容積比熱kJ/(m³*K)は、比熱kJ/(kg*K)×物体の密度kg/m³によって算出される）☆9。

段々畑は、標高一〇〇〇メートルすぎくらいの高さまで、多くの斜面につくられており、その勾配は時には一〇〇パーセント（四五度）近くになることもある。

山岳地帯でも、気候と日当りの良い（かなりの日照時間があること、葡萄の実が熟す時期に一日の寒暖差が大きいこと、湿気が少ないこと、降雨量が少ないこと、気温がわりと温暖なことが重要）地域では、段々畑を利用することで、葡萄の栽培が可能になった。

カナヴェーゼ地方およびアオスタ渓谷の下のほうでは、葡萄畑というと蔓棚のかたちをとるのが特徴で、谷側に石か木の柱を立て、山側には八〇―一〇〇センチ厚の石壁を積み、地崩れを自重で抑える擁壁を築くのがつねであった（いくつかの地域では適切なサイズの切り石がなかなか手に入らなかったため、切り石の内側の間隙を粗石とモルタルで充填するラップルコア工法を使って厚さ二〇〇センチにもおよぶ壁がつくられることもあった）。「斜面の安定を保つため、段々畑の各段の畑の山側に立つ擁壁がその畑の土の上に直接載るのを避け、その畑の土が谷側で支える擁壁を圧迫しすぎないようにした」☆10。

「葡萄酒製造が連綿と続くこの地での伝統的な建設方法の数々を見ると、刷新と交替という興味深い現象のなかで、非常に古い物からごく新しい物までが多様性を持って混在しているのがわかる」☆11。

今もなお各地で頑張り続ける山岳地の「英雄的な」葡萄栽培（じつは経済的に利益も多い）は、それぞれの土地の環境についての知識とその土地の自然条件を利用するなかで蓄えられてきた経験に支えられている。最初に相当な労力を投入することが必要で、以後も絶えず管理修復を必要とする段々畑は、耕作を難しくする斜面の傾斜と土壌の浅さというふたつの限界を克服しようとしてつくられるものである。

段々畑は日照さえ良ければ、かなり標高の高いところでも耕作に適した条件を生み出すことになる。南向きで勾配が五八パーセントの斜面は平地に対して三〇パーセントも日照量が多いのである。

それだけではない。段々畑は、石壁の熱蓄積能力を利用し、そこに蓄積された太陽熱を擁壁の後ろ（山側）の土壌と谷側の葡萄の木に伝導し、根を凍結から守る役割も果たしている。葡萄の蔓棚が建物の間の道や広場の上に覆い被さるような見事な「空中空間」の事例に出会うことも稀ではない☆12。

たしかに、蔓棚のある段々畑は、伝統的な山村生活者たちの文化と生活経験が連綿と続き、統合された最も明瞭な表現といえるだろう。彼らにとっては、「建設者」とはどういう人で、「農民」とはどういう人であるかを区別することなど意味がないのである。

今日、環境との調和を取り戻そうとするホリスティックなビジョンは、われわれの周囲の物を見る見方そのものを変え、「建築」を「自然」から切り離すことをやめて、人間のつくる環境について（自然をも含めた）統合的なかたちで、多様な関係性と全体性について語る物語を生み出すことを強く要求している。

こうしてはじめて、自然界の法則に従い、互いに相手の創造に参加することで、自然と融合するような建物が生まれるであろう。こう言ってもいい。建築と自然が生命力、再生力、そしてレジリエンスに溢れる世界を生み出すべく協働するような社会的、生態的、統合的なシステムが創造されるであろうと☆13。

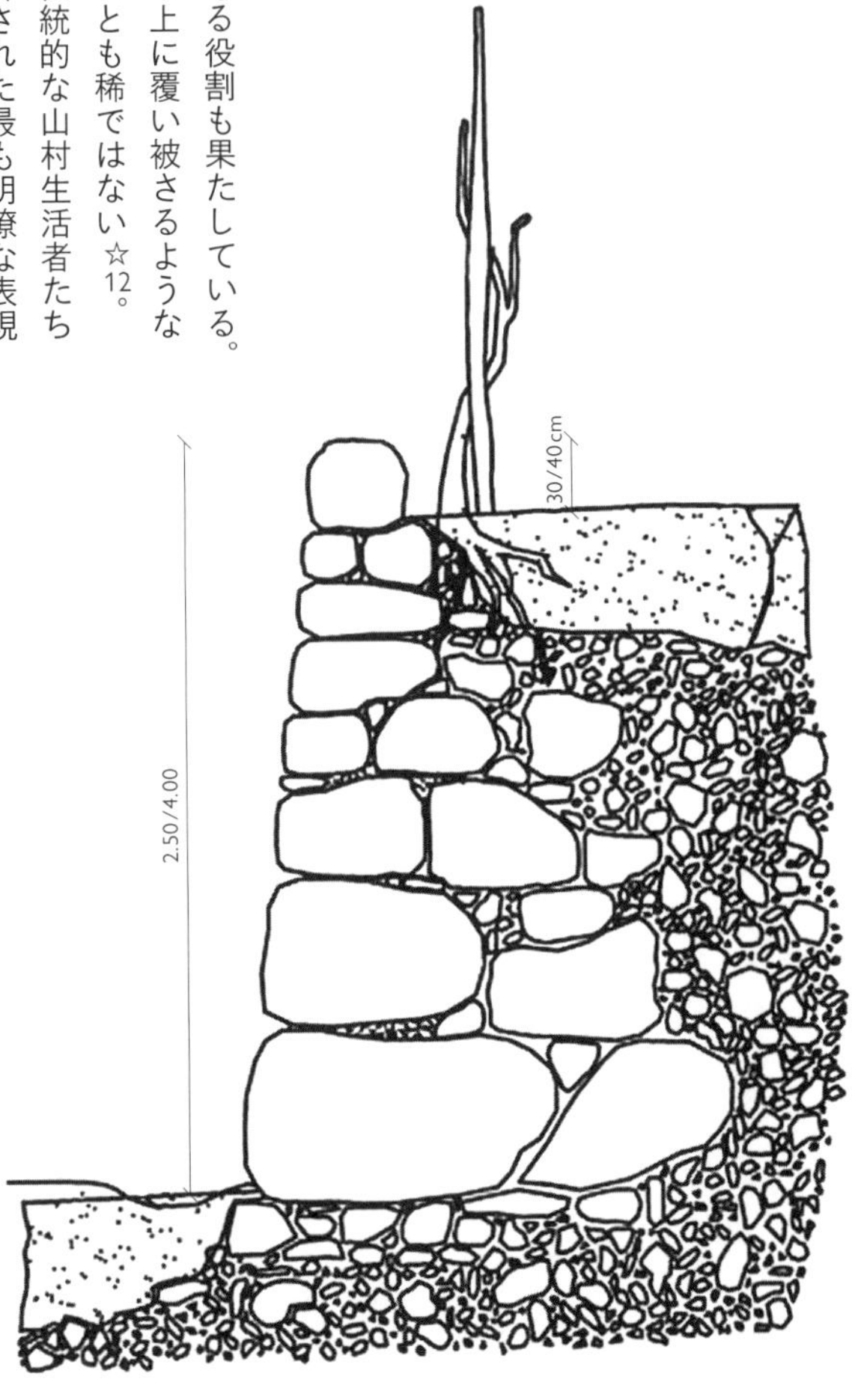

［図37］段々畑の構造の断面図
（ブレンタの運河の風景観測所作成）

3 エネルギーと農業

ふたとおりの耕地細分化

バリトレーラ村近辺〈トリノ県、キアノック町（一七〇〇人）〉

・中央に見える細長い区画が、あるひとりの地主の所有地。周囲も同様に細かい区画に分断されている。

・土壌が持つ比較的質の高い生産力にもかかわらず、土地の狭さのために、耕地には向かなくなってしまった所も多い。

・この細分化が、さらにもうひとつの細分化を促したと想像される。ここでは同じひとつの土地で多様な種類（樹木、穀類、野菜、香草類）の耕作を同時に行う、「アルテーノ（混作）」と呼ばれる耕法が行われる。

山岳地帯の農耕地を観察していると、以下のように、場合によってはかなり極端な所有地の細分化状態が二通りあることが見えてくる。

――

山岳地の土地は、古くから遺産相続のため代が替わるごとに分割され、このように非常に細長い小さな区画に分断されてきた［図38］。遺産相続による土地の細分化は、子どもたちの間での平等分割の原則に基づいて起こる現象であるが、山村の農家の運営にとっては、しばしば効率の悪い結果を招くことになり、増加しつつあった人口のための生活の糧の供給を不可能にした。

人口の増加と遺産相続の規定のふたつが相まって、一方では資源の有効利用が不可能になり、他方では土地がどんどん細分化されていくことになったが、これらの要因のために、一九世紀後半から、一家が山の高い所と低い所を上下する伝統的な季節移動の習慣が、産業化された低地への永久的な移住に取って代わられていくようになる。

しかし、山岳地帯の経済は、生活必需品の大半に関しては、ほぼ閉鎖的な状況にあったので、相続による土地の細分化にもかかわらず、たいていどの家族も標高一〇〇〇メートルから一五〇〇メートルくらいの間に高度を変えていくつかの土地を持ち、その間を移動しながら多様な活動を続けることで、生活に必要なものをすべて生産するようにしていた☆14。耕

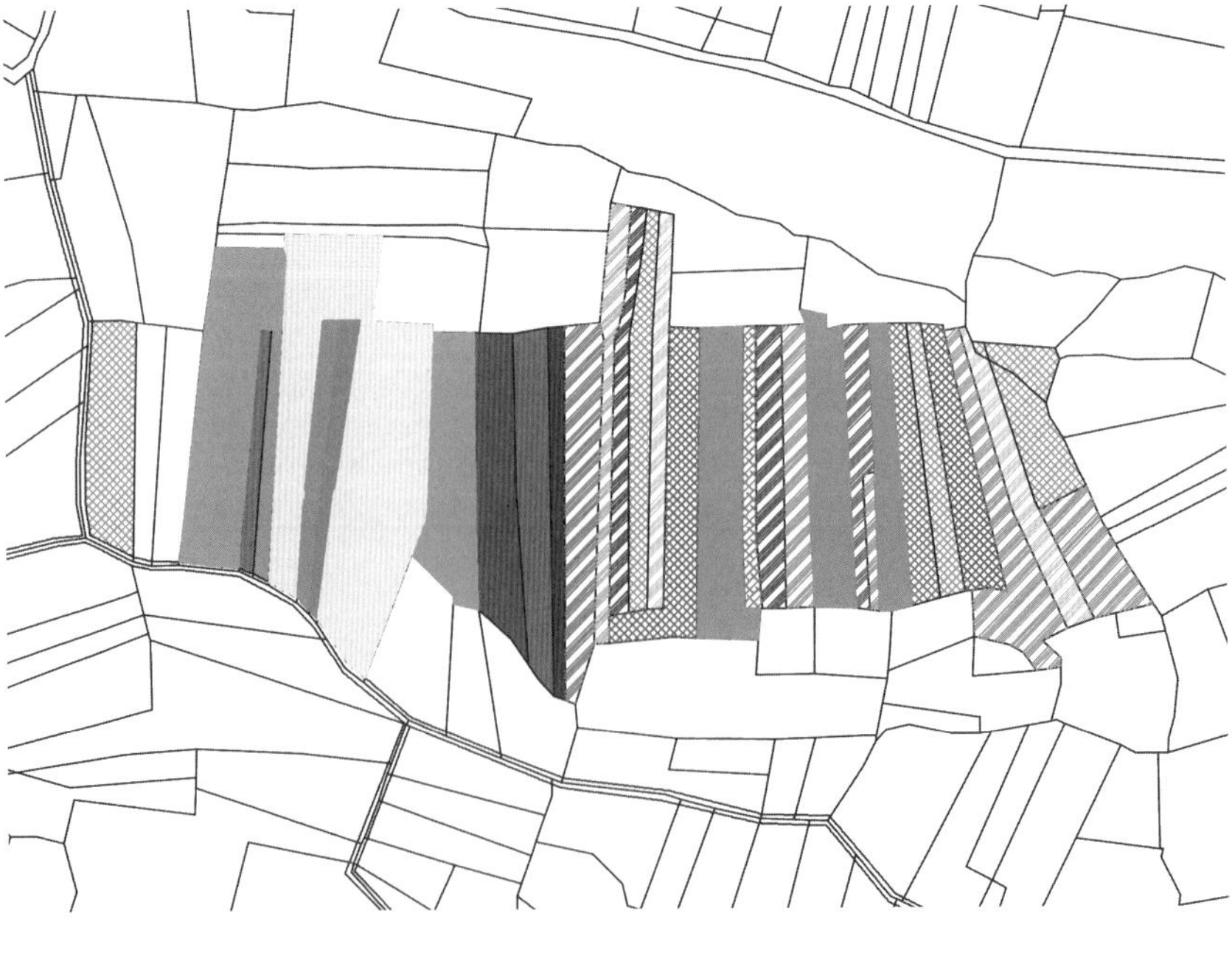

［図38］細分化された耕作地の状態。132−133頁の写真は、これらのうちの一区画

地に最適でない土地も含め、テリトリーのすべての部分がなんらかの生産性を持っている必要があった。森林にも相当な手が入り、場合によっては安定した肥沃さを犠牲にしてまで生産性が求められることもあった。こうして、山岳地の土地は、食糧、衣料に関する必要を満たすべく、多種の作物の収穫を約束してくれていた。余剰分と栗やワインなどいくつかの特定の製品だけが商品になっていた。

——

そして、この社会的要因（相続）による細分化が、じつは同じ目的で山村の耕地にさらなる別種の細分化を招いた可能性が指摘できる。そのふたつめの細分化とはひとつの土地のなかで複数の作物を育てる混作である。

かなり小さな区画の土地にも多種の作物を同時に栽培することが普及していたが、それは、この予防的手法によって、単一栽培のはらむ失敗のリスクを分散できたからである。とくに一区画の土地に幅を広く取った葡萄の木の列の間に、ジャガイモそのほかの野菜、果樹、穀類、そして刈り取り用の草までを栽培する「アルテーノ耕法」が盛んであった。また、栗林では放牧と家畜用の干し草の栽培も盛んに行われた。小川や水路沿いの土地には、養蚕用の桑や、結び目や籠作りのための蔓を採るために剪定された柳が植えられていた。畑や牧草地の境界沿いには、飼料用の葉を採るためにクルミやトネリコが植えられていた。

それとはまったく異なる理由だが、パーマカルチャーにおいても、今日の工業的農耕による単一栽培と反対に、「接縁効果」と「同時栽培」（例えば小麦と薬草、果樹と草類など）の原則に従って、二、三種類の作物を細い筋に揃えて植えることが実践推奨されている☆15。

3　エネルギーと農業

消えゆく人間的風景の豊かさ

コンベ（通常は無人）
〈トリノ県、マッティエ村（七〇〇人）〉

・写真に見える田舎屋は、夏期に高地へ来て放牧するときの拠点だった。
・利用されなくなった現在も、森と牧草地は低い石壁によって物理的に隔てられていることが観察できる。
・アルプスの風景は自然なものではなく、人間の活動によって変形させられたものである。

山岳地帯における農林牧畜活動が放棄されることで、山の再自然化が進んでいる。こうして数世代に渡る人間の諸活動によって形成された文化的風景（このような風景は、除石し、開墾し、段々畑をつくり、水を引き、土地を肥沃にするという、大きな労苦を伴うが、それゆえこの風景は見事な作品といえるものであった）☆16が失われ、同時に生物多様性も低下していくのである。

現在、山の中腹や谷間で活動し続ける農業従事者はごくわずかになった。牛乳を生産する酪農家がいくらか残っているが、彼らも、平野部に十分な広さの土地を持てるようになったので、夏になっても牛たちとともに山の小屋に上がっていくことがなくなった。

葡萄畑もいくつかあるが、大半は自分たちのためにだけ好きでつくっている。栗の実の収穫のためにあった栗林も、今や家族の大事な遺産が荒廃するのは避けたいとする地主の気持ちからやっと維持されている状態である。だが、こうした人々のおかげで、前世紀のスーザ渓谷を特徴づけ、また山腹の環境の保護に寄与していた文化的風景を、まだいくつかの地域でちらほらと見かけることができるのだ☆17。

高地の放牧場の風景も大きく姿を変えつつある。放牧が行われていたときには、家畜が草を食み、農夫が草を刈ることが地表の覆う草の配合具合を左右し（優性種がやたらはびこるのを抑え、生物多様性が増し、飼葉の質が良くなった）、土壌の保水能力を高めて土地をを浸食から守ることになっていた。そして、定期的に家畜の群れが上を歩くことで、土地もしっかり踏み固められていた。

産業化、それもとくに第二次大戦以降のそれによって、人々が谷間のほうへ移住したため、この地域への人間の影響が低下した。まず最初に放棄されたのはあまり肥沃でない土地で、短期間で植物が生い茂り、一次林（陽樹林）に覆われていった。世代を経るにつれて、農業は大いに弱体化し、谷間の地域でも農作業は後退する傾向にある。

「アルプスの伝統的な文化的景観は、さまざまな空間要素が高密度につながりあい、自然のなかにおかれた状態よりもかなり明確に環境の多様性が見られる。テリトリーがさまざまなかたちで使われることによって、多様性が明確化することになったのだ。そのため、アルプスの人間化された風景はより興味深く、果ては美しさにおいても勝っていた」☆18。

ここでいう美しさとは、アルプスの人間化された風景がそこに秩序や意味を感じさせ、人を快く迎え入れてくれるように思わせる、その無意識にもわれわれが受け取っている感覚からきているのであろう。

人間の手厚い管理が、大地を庭園にすることができるのだ。

［図39］今も細かい配慮を傾けて耕されている小規模の畑は、
まるで庭園のようである

3　エネルギーと農業

山に農業を取り戻す

パレント（二人）〈クーネオ県、マクラ村（五五人）〉

・薬草、香草の栽培（ニガヨモギなど）が行われている。
・猪などの野生動物から植物を守るための柵。
・住人がたったふたりしかいないかなり孤立した場所だが、電気が通っている。

国立木材用植物研究所★5の作成した「土地利用の可能性とその限界」（一九七七―七八）の図［図40］を見るかぎりでは、このような辺鄙な場所で経済活動をはじめるのは、お勧めとはいえないほどの困難さが示されているが、この標高一五〇〇メートルを越える村に妻ヴィルジーニアとともに今も住む唯一の住人、マッテオ・ラウジェーロ氏のケースを見ると、山岳地帯の畑が品質のいい収穫物を生み、また経済的にもかなり優れた持続性があることが証明される。ラウジェーロ氏は、平野の都市でしばらく働いた後、もう若くはなくなってから、故郷の村に戻ってバイオディナミック農法★6によって薬草を育てはじめ、それを蒸留して素晴らしいリキュールを製造している。

スーパーマーケットのシステムに代表されるように、極度に標準化され限られた種類の製品を遠方から安価に都市に供給することができるようになってから、耕作される農作物の品種の多様性が大幅に減少し、山岳地帯の農業は次第に非経済的なものになり、山には風景の美しさという抽象的な価値だけが残されることになった。そしてこの地域の農業文化の形跡は現代人にはとても奇妙で縁遠いものとなり、博物館くらいにしか居場所がなくなってしまった☆19。

　しかし、アルプス地域が手厚く管理され、再び人が住むために戻ってくる可能性は、まさに農業が再開されるかどうか

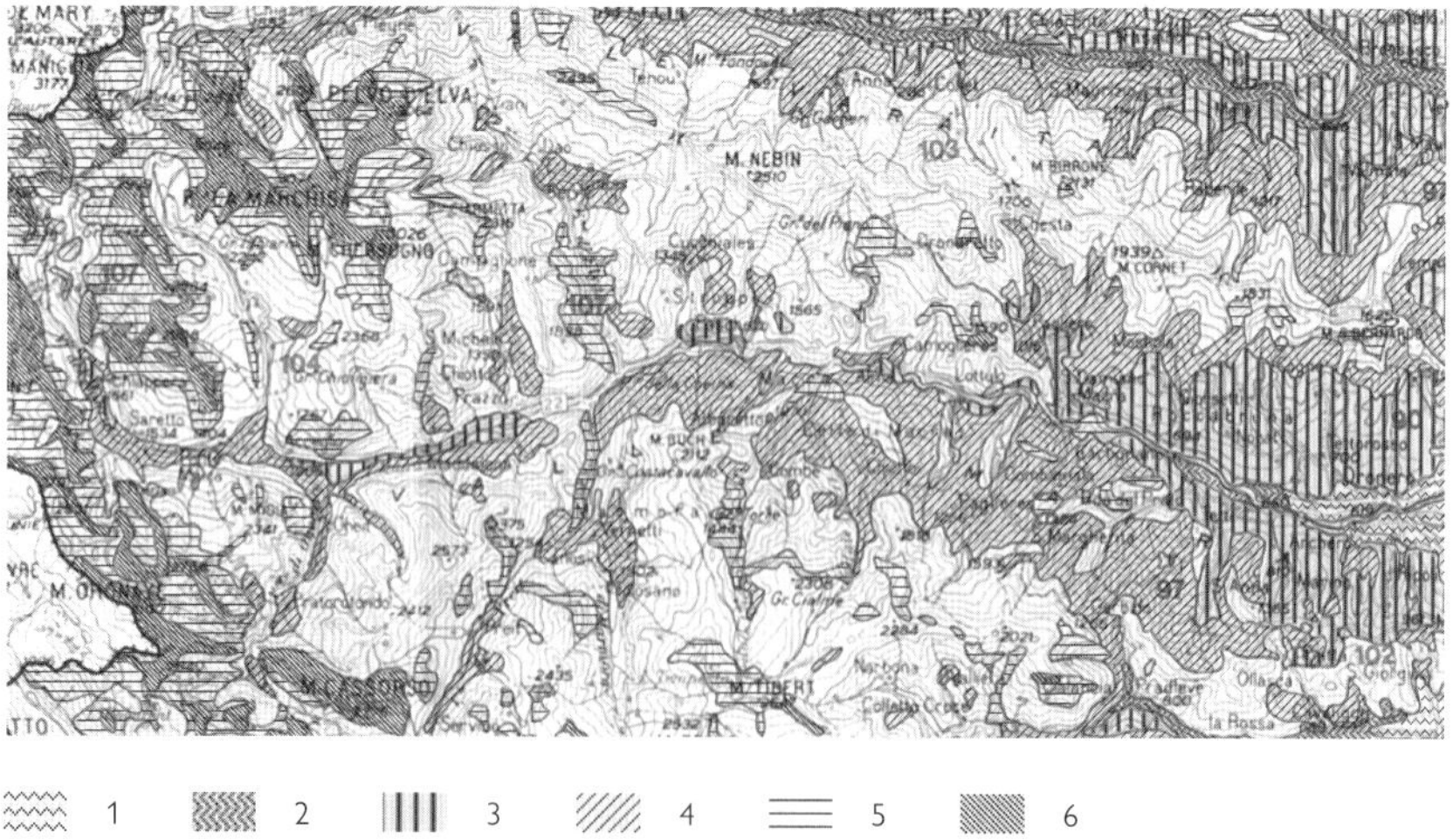

1、2は肥沃で多様な作物の耕作の可能性のあるエリア。3はまだ耕作可能だが、限られた作物だけ。
4、5は、放牧や森林としてしか使えない。6は氷河、岩場など、まったく利用不可能なエリア。
つまり、この図によると、このエリアのほぼ全域がせいぜい森林、放牧地帯としてしか
使い道がないとされていた

［図40］「土地の利用の可能性とその限界」（パレントを含むマイラ渓谷のエリア。
国立木材用植物研究所製作 1977–78）

にかかっている。「観光、観光と言われるが、山には人が住み、耕されなければならないのだ」☆20。

　今日、山岳地帯の農業は、現代的なメソッドと器具、設備を使い、環境とも相容れるかたちで営まれ、現代の市場を相手にすることができるし、またそうするべきなのである。山岳地帯は、蜂蜜、薬草、小型のフルーツなど、高品質で特定の市場を持つ有機栽培製品の生産☆21はもとより、バイオディナミック農法や統合農法★7に適しているほか、土地の特産品や生物多様性、失われた種や土地特有の植物、屋外での自然飼料による家畜の飼育、そして土地に伝わる植物や治療に関する伝統的知識などの保全のためにも格好の環境を提供してくれる☆22。

　土地特産の資源を活用することは、アルプス全域でシステマティックに再考されるべき問題である。サステイナブルな農業形態が地域全体に広がれば、生態系も経済的観点からも、地域に広がるほかのあらゆる経済活動を維持していくための基盤をつくることとなる。そのためには、革新的要素も必要になるが、それは必ずしも地域のものでなくともよい☆23。

　経済的な意味をもつ農業とは別に、余暇に行われる農業というものもある。それは自分たちの食を支えるためのもので、かなり多くの人々が、都市部を離れた場所で行っている。農作業は、人間だけの創造力によるものではなく、自然の力と人間の力がひとつになるという意味で、ほかのどんな活動とも存在論的に異なるため、何にも増して人に深い満足感を与えてくれる。仏教によれば、人間による大地の管理は、なによりも健康、美、永続性という三つの目的に向かってなされなければならない☆24。

［図41、42］マッテーオ・ラウジェーロ氏の農園の苗床（上）と薬草の乾燥機（下）

★5　一九七九年に創設され、ピエモンテ州、アオスタ自治区、トリノ市に対して森林、環境、エネルギー資源に関する技術顧問的立場にある機関 Istituto Nazionale per le piante da legno e l'ambiente の前身で、一九五四年に創設された Istituto Nazionale per le piante da legno "G. Piccarolo" のこと。

★6　人智学のルドルフ・シュタイナーによって提唱された、畑からいっさいの化学物質を排除し、土壌と植物、動物らの間の相互作用のほか、天体の動きにも着目して収穫時期などを定めていく、自然との共生を重んじる農法のこと。

★7　経済損害を発生させずに、損害規模の最小化を図るために、経済的、生態的、毒物学的に持続可能なすべての手法が適用される方法論。

3　エネルギーと農業

環境の徹底利用☆25

アルペ・セッチョから
カヴァイオーネ渓谷の西斜面を背景に
〈ヴェルチェツリ県、ボッチョレート村〉

- 過疎化し現在は使われていない。
- この建築物は、一種類だけの石（つまりその土地で最もよく採れる石材）でつくられている。
- 家の手前にリンドウとシダが生い茂っているが、かつてはここに野菜畑があった。
- 人が居なくなったことで大きくなったトネリコの木が左手に見える（この居住地の利用が続いていれば、とっくに切られていただろう）。
- 背景には、かつては放牧地であった地帯が広がっているが、今ではそれもほとんどが森林に覆い尽くされている。

次頁の地図〔図43〕は、標高一三八八メートルにあったアルペ・セッチョの日常生活に役立っていた食糧そのほかの自然資源由来の製品がどこからきていたかを視覚化するものである。

どうしても外部から持ってくる必要のあった唯一の製品は、チーズの加工に（地域によっては肉の保存にも）使われた塩である。そのほかに購入されていたものには、ワイン、たばこ、鉄、砂糖、コーヒーがあった。

山の中腹から下の地域では、野菜、豆類、穀類、栗、ワインなどが十分生産できたので、生活維持に必要な分以外を売ることもできた。標高の高い所では、主たる経済基盤は、たいていの場合牧畜（家畜、とくに牛、そしてチーズなどの販売）であった。さらにこの地域の収支は、地元の石切り場で採れる薄い石板を外部へ売ることで補われていた。なお、この石はヴァラッロのサクロ・モンテ★8の建物の屋根をつくるのにも使われたようだ☆26。

大半の物品は自家製（手づくり、手織り）で、作物も自分たちで育てたものであり、市場へは出さず、自分たちの生活に使われていた。数々の交易が貨幣経済の外側で行われていたのである。

ほとんどの生産と消費が同じ地域のなかで実践されていた。そして、たとえ北はスイスの鉱山、また南は塩の入手のためにジェノヴァの商業エリアにまで足を伸ばしていたとしても、彼らにとっての交易は今日のグローバル化された市場のそれとは比べ物にならない小さな域内で行われていた。

——

数量においても金額にしても、また（長い冬期の孤立状態があるゆえに）時間においても、外部との交易に限界のある経済圏で、（食糧にかぎらず）自給自足の生活は、質素な生活態度と土地のあらゆる資源のことをよく知り注意深く利用することによって達成されていた。ところが産業化により、これらの資源の価値は、著しく過小評価されることになった☆27。

自分の食物をなるべく自分で栽培することの重要さは、なにも貧しい地域だけに関わる問題ではない。今日の状況においては、自家栽培や消費の縮減ないし見直しというかたちで、食における市場への依存度を減らしていくことが必要なのである。

★8　サクロ・モンテとは聖山の意味で、一四―一五世紀ごろ、イスラム支配下にあり聖地巡礼がままならぬ状況にあったなかで、エルサレムを模して仮想巡礼するために礼拝堂などを配してつくられた宗教施設で、ピエモンテ州、ロンバルディア州などの山岳地に全部で九つある（二〇〇三年よりユネスコの世界遺産に登録）。そのうちの最古の建物が一四八〇年ごろ造営されたヴァラッロのサクロ・モンテ。

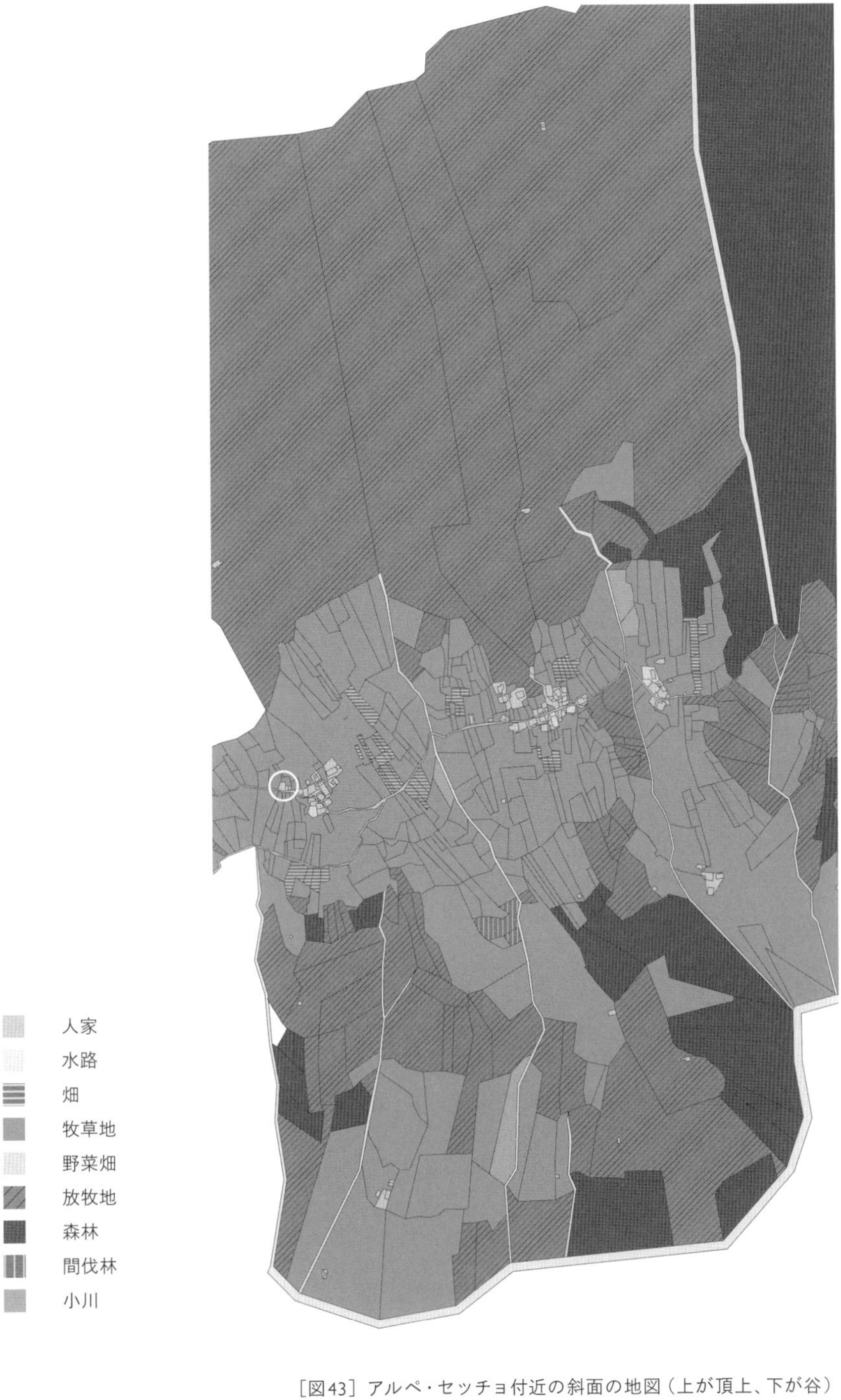

［図43］アルペ・セッチョ付近の斜面の地図（上が頂上、下が谷）
円内が144－145頁の建物の位置

3 エネルギーと農業

植樹
――次世代への投資

サン・グレゴリオ村（現在常住者なし）
〈トリノ県、ブッソレーノ町〉

・サン・グレゴリオの礼拝堂近郊にある収穫用の栗林。
・樹齢数世紀の木々のうち、あるものは長年放置状態にあり、あるものはすでに立ち枯れしている。
・使える木材が使われないまま放置され、設備の更新もなされていない管理不在の状態。
・木々の合間にお祭りのときの舞踏用の小広場が見える。

栗の木は約二〇年かけてようやく十分な枝を繁らせることができ、収穫に値する量の栗の実を採れるようになるのは、その後である。実の生産量は、樹齢一〇〇歳くらいまで増加し続け、以後はほぼ同じ数量で持続する☆28。

栗の木の平均寿命は一〇〇から二〇〇歳だが、三〇〇歳を越えることもある。以前は枝ぶりが病などで縮小した（したがって栗の実の収穫量も減少した）ときにだけ切り倒された。

栗林が放置されるようになったのは、栗の実の市場価格があまりに低く、（たとえ売れても）栗拾いをする費用にもならないからである。考えてみれば、栗を生産していたピエモンテ州自体が、今や自分たちが食べたり加工したりするための栗を輸入する状況になっているのだから不条理なものである。

栗の実の収穫を目的とした栗林は、古く深い意味をもった経済資源であるが、それは、個人が短期間で利益を得るためのものではなく、未来の世代のために仕掛けられた長期的な視野を持つ優れた事業例といえる。おそらくすでに故人となっているであろう誰かがかつてはじめた仕事の意義深い恩恵をその後継者たちが受けることになるのだ。

環境に手を入れることで生まれる効果は、長い目で見てやっとわかるが、自らの人生を超えてさらに持続するような活動の意味を広く共有するには、現在主流となっているメンタリティの再考が要求される。

［図44］栗の木は材木としても耐久性に優れているので、
建築物などのかたちでも数世代に渡って役目を果たし続けることができる

←［図45］

3 エネルギーと農業

風景の誕生

プラポンティン地区
〈トリノ県、ブッソレーノ町〉

・ジェラルド川の扇状地の風景。
・除石作業によって手に入れた石で耕地の区画を区切る低い空積みの石壁をつくっている。
・風から守り、温度を保持し、湿気を凝結させるこの壁には、微気候の見事な調整機能がある。
・高級品目の食糧栽培が行われている（葡萄畑、果樹園、野菜畑）。
・農作業道具や農産物を保管し、ときには人も泊まる農作業のための設備小屋。

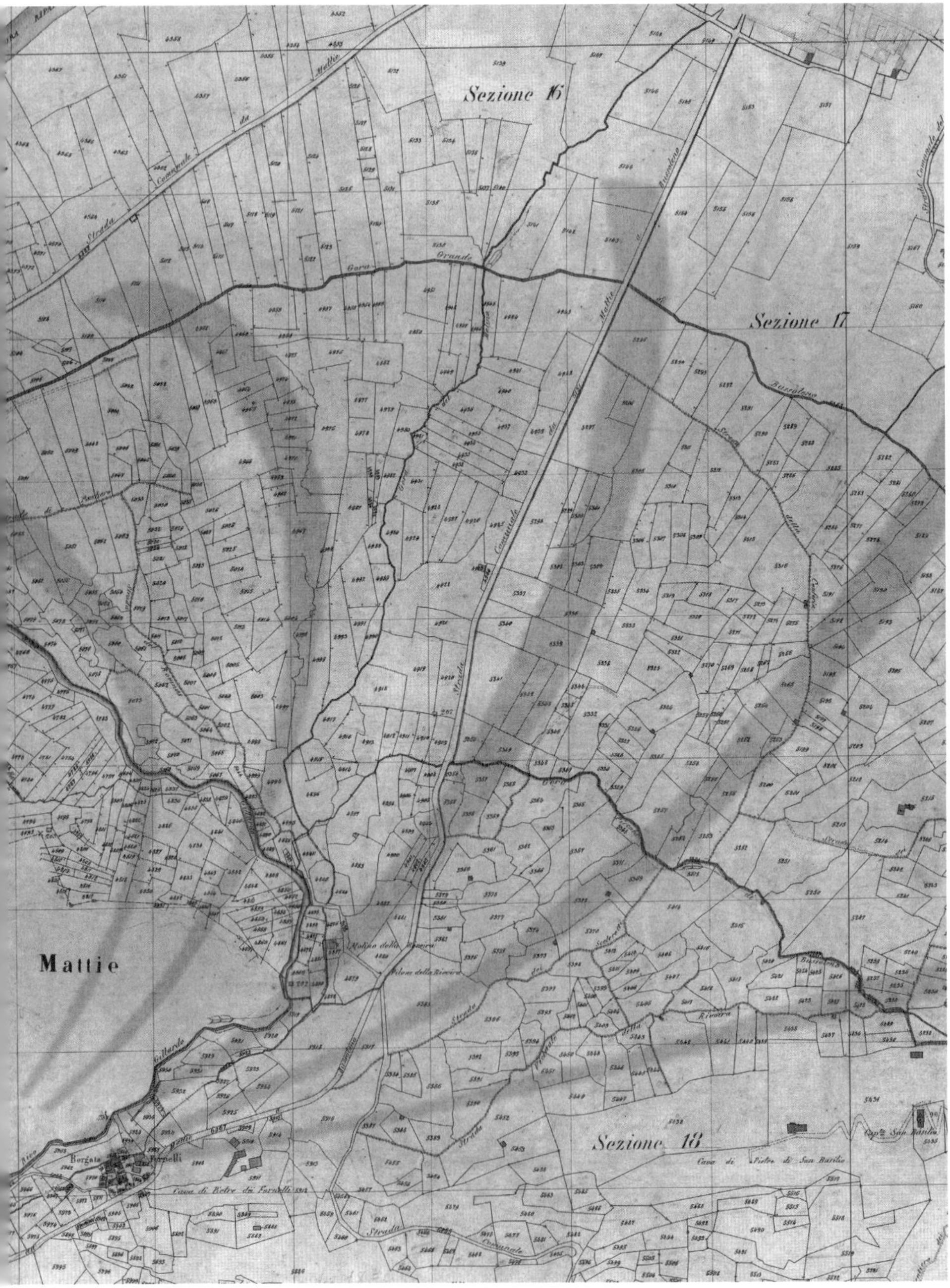
Sezione 16
Sezione 17
Sezione 18
Mattie
Strada Comunale da Mattie
Gora Grande
Borgata Fornelli
Molino della Riviera
Pilone della Riviera
Cava di Pietre di San Basilio

ラッビーニ不動産登記台帳（一八六三―六四年度）で土地の区画を区切る線を見ていると、ジェラルド川の扇状地の形が容易に見えてくるが、この頁の図にわれわれはその扇状の形態が明確になるような曲線を書き込んでおいた［図46］。ここは、高級品目（果実、野菜、そしてとくに葡萄）の集中耕作地帯で、除石作業によって入手した石でつくられたがっしりした多数の低い石壁と混作（アルテーノ）を特徴としている。

扇状地の地表から除石すべき石の量が多く、石壁は立っているために必要以上の厚みを持つことになった。

こうした空積みの石壁は、農地を区分する以外に、スーザ渓谷を縦に吹き下ろす風から農作物を守り、そのボリュームに蓄積した熱を放射して付近の温度を上げ、夜の間に湿気を凝結させる面を提供し、またその上部はしばしば通路としても活用される。

このように本来の風景とは、わざわざそれをつくり出そうとしたランドスケープ計画の結果ではなく、むしろそこで実践された活動の成果なのである。

［図46］ジェラルド川の扇状地の傾斜を
ラッビーニ不動産登記台帳の図に書き込んだ図

3 エネルギーと農業

動物の体温と人間的な温もり

ジュッソー〈トリノ県、プラジェラート村〉

・家畜小屋であると同時に、冬期には住人の住居スペースにもなった場所。
―石（石灰質片岩）を積んだ交差ヴォールトの天井。漆喰の跡が残っている。

―中央の柱は、とくに念入りにつくられたもので、柱身と柱頭が加工の容易な一塊の岩石（緑色片岩か大理石）から削り出されている。

―木製の飼葉桶が見える。

―家畜の排泄物の排出用の溝が見える。

―土と石の床に、中央の溝に向けて傾斜した木製の台が載っているが、これは家畜の排泄物の回収と排出作業を助け、同時に、動物が冷たい大地に直に触れないように守るためのもの。

ピエモンテ州の多くの地域で、季節労働のためより暖かい地域に移住せずに居残った家族の者たちは、一年の最も寒い時期には、みな家畜小屋に当てられたスペースに移り住んだものである。これらの地域では、家畜小屋の入り口や窓に近い所が人用のエリアに当てられ、プライバシーはなかった。そしてより暗い奥まった所が動物用のエリアだった。家畜小屋はしばしば半地下になっており、そこでは、ヴォールトが外側に壁を押しやろうとする力への対抗と、寒さをより効果的に凌ぐという二重の機能を果たしていた☆29。内壁は衛生上、そして病疫予防のために毎年白く塗り直されていた。

また家畜小屋は、社会的な意味でも人間的な温もりに満ちた場所であった。それは、ただ寝泊まりする場所ではなく、しばしば、道具の修理、木工仕事、糸巻き、籠編みなどの仕事とともに、近所の人々が夜な夜な集まっては歌や楽器が奏でられ、昔話が語り継がれる場になったものだった。学校用の建物が足りない所では学校の授業を行うこともあった。専用の工房が誕生する以前のものづくりの場所でもあった☆30。出産もたいていそこで行われた。また、家畜との共同生活は、あらゆる社会階層にも共通に普及していたもので、都市部でも田舎でも状況は同じだった。

家畜用のスペースがいかに重要であったかは、いくつかの地域では建築的にもこのスペースが家のなかで一番手をかけてつくられていたことからもわかる。エスカルトン地方では、

そこに木の床を張り、手の込んだ天井をつくり、一枚岩から彫り出し鑿《のみ》で繊細に仕上げた柱を立てるなどして家族の裕福さを誇示したものである☆31。

「テーブル一台に椅子が数脚、食器棚、しばしば床からかなり高さがあり、ときには垂れ幕に包まれたベッドなど、家具調度類は簡素なものであった。そして壁から来る湿気から室内環境を守るために、藁を編んだむしろのようなものが使われた」☆32。

住環境の質について言うと、アルプスの山村のさまざまな住居を区別する一番大きな差異は、ストーブがある家と、温かさという快適性のために冬期に牛と共同生活することが必須である家との間にあった。暖炉は料理のためであり、暖房としては不十分なものだった☆33。

休息状態にある人間が約一一五ワットの熱を発する一方、牛は約一二〇〇ワット発熱を生む。動物の体温の分散の仕方は環境条件による。つまり、気温が低ければ低いほど、熱の分散は大きくなる。摂氏二〇度では、牛一頭の熱発散は日に三二・二五メガジュールだが、一〇度になると三八メガジュールになる☆34。

動物の代謝熱の利用だけでなく、開口部をどちらに向けて、どの位置にどれくらいの大きさで開けるか、壁のマッスにどれくらいの熱量を蓄積できるか、地面の形態をどう活かすか、などという要素も、伝統文化から大いに学ぶことのできるパッシブなエネルギー技術であり、そこに先端技術の知識を導入することで、現代の健康と快適性の必要を十分満たすことができる☆35。

また、われわれは、何もせずただテレビを見て過ごすような暮らし方を押し付ける現代社会の強い圧力に対抗すべく、「余暇」のより意識的で積極的な使い方をも伝統から学ぶことができるだろう。

［図47、48］家畜用のスペースで冬に同居する家畜と住民
（左：Luigi Dematteis, *Il fuoco di casa*, p. 68.）

3　エネルギーと農業

ほぼ菜食主義的な食物摂取

メイトレ村のある建物の内部
〈トリノ県、ブッソレーノ町〉

・火炉以外の煮炊きのための場所。

・室内用の固定された設備。
レンガを積んだ上から漆喰で固めてある。

―換気設備なしの煮炊き台は、小型の鍋で料理をするためのもの。

―少量の燃料（枝、炭）を入れる孔が三つあるが、火力は弱かった。本格的な煮炊きをする場所ではなく、むしろ短時間でさっと食物を温めるのに使われた。

―下にある開口部は、薪などを入れておく場所。

・台所は、いわば家のなかのラボラトリー。

山村の伝統的な食事の基本は牛乳とその加工製品、そして粉製品による食品（ポレンタ★9、標高次第で入手可能な種類の穀類によるパン類、そして可能なときは栗も）、ジャガイモ（一九世紀頭から）、そしていくらかの野菜、豆類であり、肉類はほとんど食べなかった（祝いの機会や家畜が死んだときを除くとめったに食されなかった。養豚が広まったのも遅く、すべての谷には行き渡らなかった）☆36。

このような食事は、一人頭一七〇〇―二四〇〇キロカロリーのエネルギー摂取を可能にしていたと推定されるが、比較のために言うと、肉体労働に従事する現代の成人男性の必要摂取量が、二四〇〇―二八〇〇キロカロリーである☆37。

こうして、山村の人々は、「安全と思われる」（つまり、年ごとの気候変動に収穫をあまり左右されない）農作物（飼料用の干し草、ジャガイモ、ライ麦）を主に栽培しながら、土地で生産できるわずかな食糧を有効に活用して☆38、比較的バランスの取れた食事をとることができたのである。

山村の人々の食事には、肉がほとんどなかったにもかかわらず、彼らはきつい肉体労働ができただけでなく、イタリア王国時代の最も強力な部隊の構成員でもあった。またじつは、古代ローマのレギオン兵士の食事もほぼ完全に植物性の食品からなっていた。

一日の必要食物摂取量は、年齢、性別、体格、気候、生活

［図49］ポレンタ

様式など、多様な要因によって決まるが、現代の成人男性にとってのバランスの取れた摂取量の構成は、だいたい最低二リットルの水、三五〇―四〇〇グラムの炭水化物、五〇―七〇グラムの脂肪分、四五グラムのタンパク質（動物性タンパク質はせいぜいその半分まで）とされている☆39。

一九世紀の最後の一〇年間にブッソレーノで生産された食糧に対して行われた調査を見ると☆40、炭水化物摂取量の五五パーセントを穀類が、二八パーセントを牛乳が、そして栗、ワイン、ジャガイモがそれぞれ約六パーセントずつを供給していたようである。

食は人を土地に結びつける（べき）ものである。大半の食品はその地域で生産されたものであるべきなのだ。各個人がサステイナビリティのためにできる最も意義のある行為とは、おそらく自らの選択がどういう結果を招くかということについて明確な認識を持ち、自らの食事を菜食の方向に持っていくかたちで自分の食事に対する意識を高めることであろう。それによって、エコロジカルな意味ではもちろんのこと、衛生、健康のうえでも恩恵を受けることになるのだ。

★9　ポレンタは、イタリア北部の料理で、トウモロコシの粉を水あるいはスープに溶き、それを火にかけながら練り上げたもの。

［図50］高原の野草、チーズ、パンからなるカナヴェーゼ地方の料理「アユッケのスープ」

4 そして今日

物語と地図

――場所を理解するふたつの方法

ヴァッリエーラ渓谷とその村落

- 三つともまったく同じ場所を描いている。
- 過去に収税あるいは軍事目的でつくられた地図は、人工衛星による遥かな距離からの目よりも高度なディテールを写し取っている。

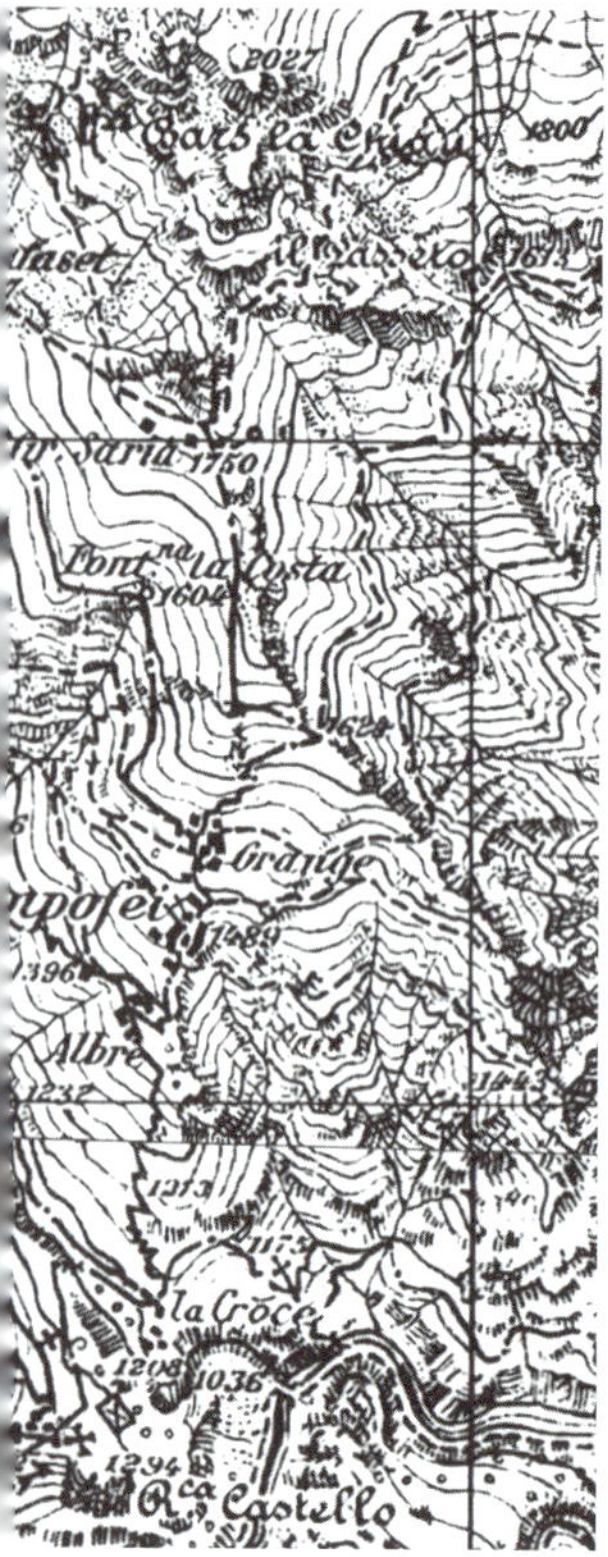

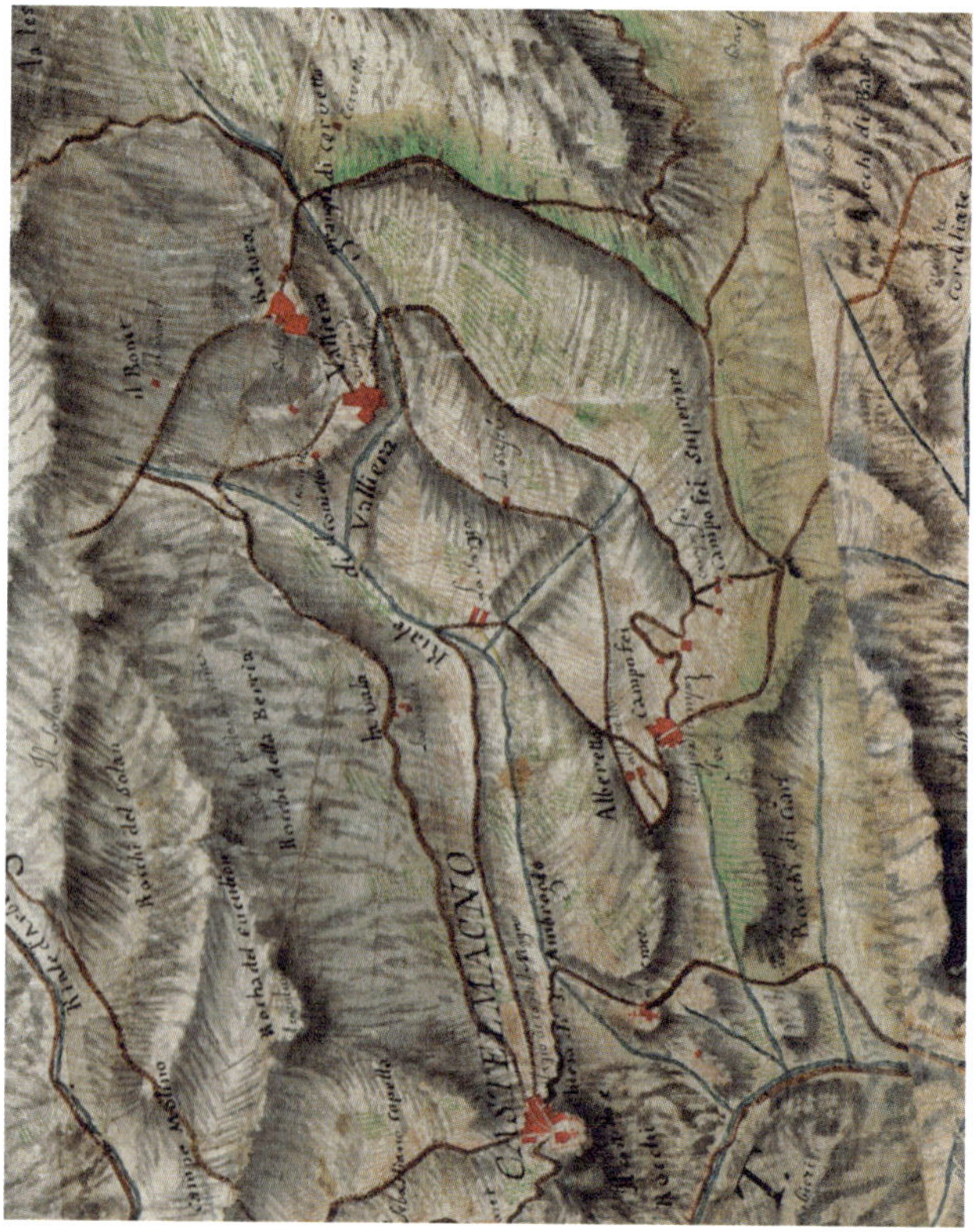

地図「ピエモンテ20」（1745–64）

衛星写真「2000年の洪水」(2000－01)★1

陸軍地理院作成の
イタリア地図より第79葉
(1907－08の測定による)

「かつては、人間が活用しようとしなかった土地など一メートルたりともありませんでした。われわれの後の世代の者たちは、どこに牧草地があるかすら知りません。われわれの後輩たちはもうなにも知らないんです。私は自分でほとんどすべての牧草地の草を刈っていましたから、どれもよく覚えていますが、今の人たちは、お年寄りの所に行ってこちらはなんという場所だったか、あちらはなんという場所だったかと、いちいち名前を聞かねばならんでしょう」☆1。

　われわれも、クルトゥーラルプ（Culturalp）プロジェクト★2のなかで、土地の研究者ジョルジョ・ペリーノの助けを借りて地図上にブッソレーノのふたつのエリアのなかの場所の名前を書き込んで小規模のサンプルを製作したことがあるが、[図51]にあるように、わずか六六ヘクタールの地域に名前のついた農地が三三カ所、やはり名のついた居住区や建物が一三カ所もあった☆2。

　場所や境界についての知識は、父から子へと相伝されるものであった☆3。「境界線の引き方や違反を犯した者の処罰の程度、誰の土地であるかを定期的に確認し、それがきわめて重要なことを再認識する方法などを定める習慣がたくさん存在した」☆4のである。

　地図は、それがいかに正確であろうとも、土地の人々の知識に完全に取って代わることはできない☆5。テリトリー、場所の名前、習慣、そこにある資源、所有地の境界などについての知識というものは、少なくとも一部は記憶と口伝に負うものなのだ。

　現代の地図は、そこに活かされる先端技術にもかかわらず、過去の物と比べて最も正確でも最も十全なものともいえない。人工衛星のデータをもとにつくられる技術的な地図を見るかぎり、過疎化して今や植物に覆われた村落や山道などはなんと記載もされていないのだ。

　その土地で生活をし、利用する者は当然としても、その土地の地図を描く者にもその土地の直接的知識は必要である。身をもってその土地を経験しないかぎり、ある場所を知っているとはいえない。あるテリトリーを実際に歩き回り、その土地の可能性を理解、認識する経験は、ますます現実との接点を失いゆく社会においては、とても重要な教育的価値を持っているといえるだろう。

★1　二〇〇〇年にピエモンテ州で洪水があった後、州が調査用に撮らせた。

★2　二〇〇三—〇五年にかけて、ＥＵの援助を受けて行われたプロジェクトで、アルプスに関わる各国（伊、仏、スイス、オーストリア）の協力のもとに、過疎化しかけた山村を文化遺産として再生させることを目的としていた。

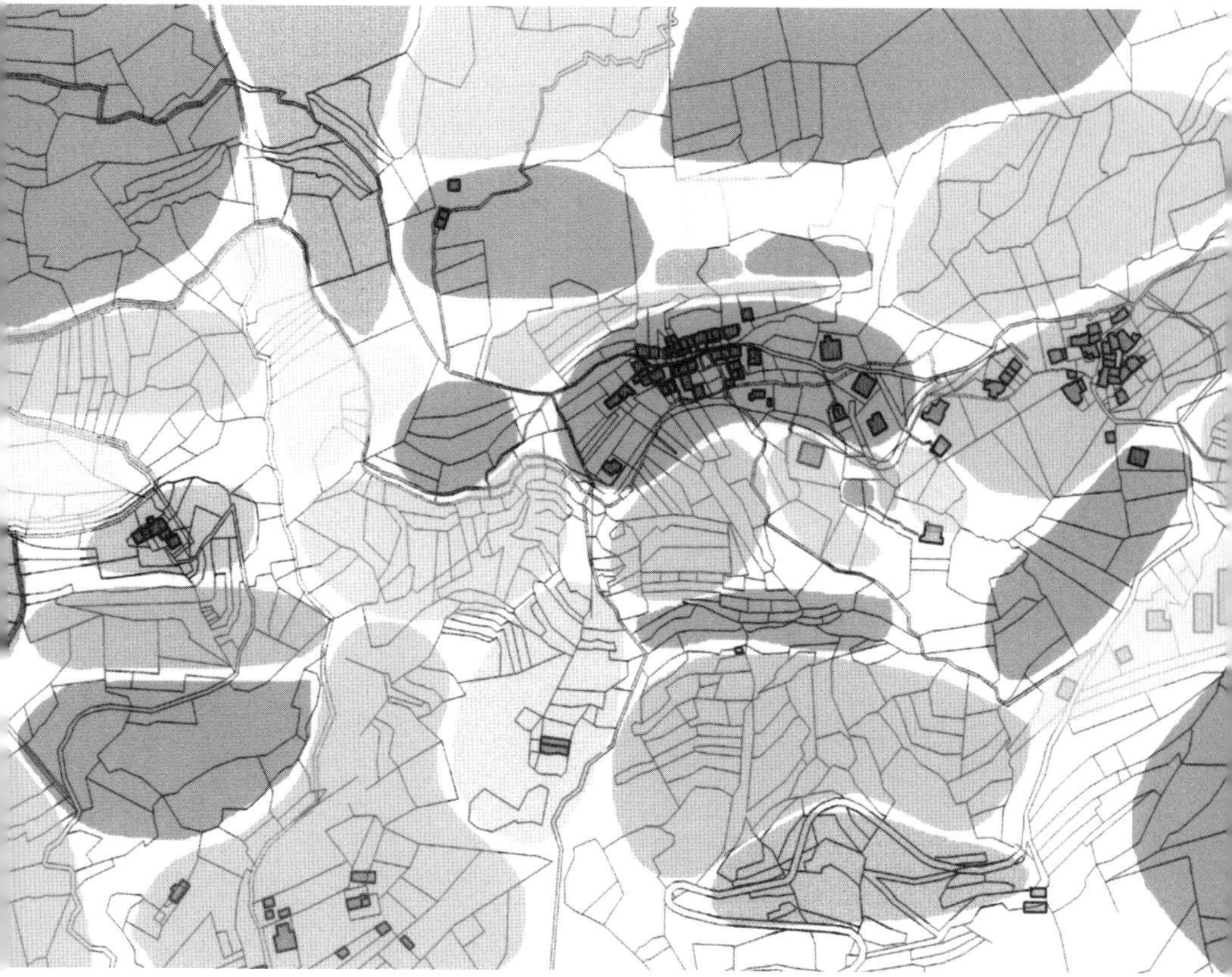

［図51］ブッソレーノのある小さなエリアには、
それぞれ異なる名前がついて区別されている農地が33カ所もある

4　そして今日

押し入ってきたインフラ網

リアベッツラ村〈ビエッツラ県、サン・パオロ・チェルヴォ村（一四三人）〉

・雨樋のパイプや配線が縦横に走る。
・電線、電話線、公共照明の電線など空中を走るインフラ網。
・伝統的建築や村落というコンテクストの特性を十分考慮しないで設置されたインフラ網。

電線や電話線、ガスなどの配給網は、たいてい山村が一旦過疎化した後、そこをセカンドハウスとして使うことにした人々の到来とともにやってきたが、土地の人々は公共設備を整えてもらえた喜びと、思い出したくないような生活条件の刻み込まれた過去を否定したい気持ちが相まって、このようなコンテクストへの新しいインフラの導入のもたらす衝撃を判断する注意力が鈍らされていた。

今日、伝統的な建築環境にインフラ網を導入することは、ろくな計画性もなく、ただ技術的サービスの供給だけを目指すもので、たいてい堪え難いほど厚かましいものだ。

ほかの状況下で生まれた一般的なやり方と標準的法規が無差別に適用されたことで、こうした山村の環境に対するインフラ網の異質さは余計強調され、空き家などの放置問題が解決されないまま新たなインフラがそこに重ねられていくことで、状況はさらに悪化する。ほんのちょっとしたことが大きな損害を生むのである。

―

今や山村に人が住む必要条件を考えたとき、電気や電話のサービスは必須条件であるが、こうしたインフラ網とサービスの設置作業には、それらが導入される地域の歴史、文化、そして環境との間に適切な整合性をもった計画が求められる。しかも今日、遠隔地に中枢的施設をもつ配給インフラ網の必要性は絶対的なものではなくなった。エネルギーの生産、変圧、ゴミ処理などのインフラは中央集中型から地域分散的なものに移行する可能性が見えているし、これらの条件に加え、インターネット、ブロードバンドなど、これまた中央集中型のインフラ網を必要としないサービスの普及が、これからの山村への再入植の可能性を握る鍵ともなっているのである。

［図52、53］
［図54］

4 そして今日

忠実さのなかの偽り、つくりかえのなかの真正さ

建築家モニカ・デ・シルヴェストロの自宅、アルジャッセーラ村
〈トリノ県、ブッソレーノ町〉

- もとはおそらく一九世紀に建てられた伝統的な建物。
- 日照をより効果的に取り入れ内部空間の垂直方向の配分を改善するために、一九六〇年代に拡張された部分を二〇〇一年に改築。
- 建物の南面の幅いっぱいにとられた集成材を構造にして拡張されたボリュームには、壁面部と開口部（ルーバーも取り付けられている）がある。
- ガラス窓の開閉可能な部分の割合は抑えられている。

この建物のオリジナルは、伝統的な三階建ての建物（地上二階、地下一階）で、おそらく一九世紀後半のものである。一九六〇年代に建物の南面に鉄筋コンクリートとガラスで拡張工事が行われたほか、建物の外壁を漆喰塗りするなど、いくつかの改修工事がなされていた。

二〇〇一年に建築家のモニカ・デ・シルヴェストロが、この建物の本来の良さを保存するための再生工事を行った。とくに（一九六〇年代になされた）拡張部分を解体して集成材を使ってつくり直したことで、垂直、水平方向の空間配分の問題の修正が可能になった★3。改修後のプランは、各階と各部屋の連絡に建物外部の階段および張り出しの回廊を使うという、この地域の伝統建築の特徴のひとつをそのまま建築内部に取り込んでおり、その意味で伝統に忠実なところがある。

この建物は、この建築家とその家族の住居とするべく購入されたわけだが、彼女たちがなぜこの家を選んだかというと、一九六〇年代になされた拡張工事のおかげで、自分たちが求めていた方向の改造が可能だったからだ。というのも、地域の建築法では、オリジナルに近い状態で保存された建物であれば、サンルームを付け加えるような改修は許されなかったからだ。

逆説的だが、この建物は二〇〇三年に「地域に典型的な伝統建築と地域の素材利用の再生と再評価」のために州が公募したコンペ「アルプスの良質な建築賞」の一等賞を獲得した。拡張された部分は、サンルームとして機能し、パッシブなエネルギー効果をもたらす。大きな窓のおかげで大量の熱が吸収され、その奥にある壁に熱が蓄積される。ガラス窓のいくつかが開閉することで、通気も確保される。ルーバーと内側外側のカーテンは、夏期に過度に暑くなるのを防ぐ。

山岳地に人が戻り活動が再開されるためには、厳しいルールに縛られた解決法は役に立たない。むしろ目標を定め、そのための技術的サポートをすることが必要だ。外観や物質的なオリジナル性を保持しようとすることは、偽りの忠実さの押しつけである。なぜなら、いっさい変化しない建築の伝統

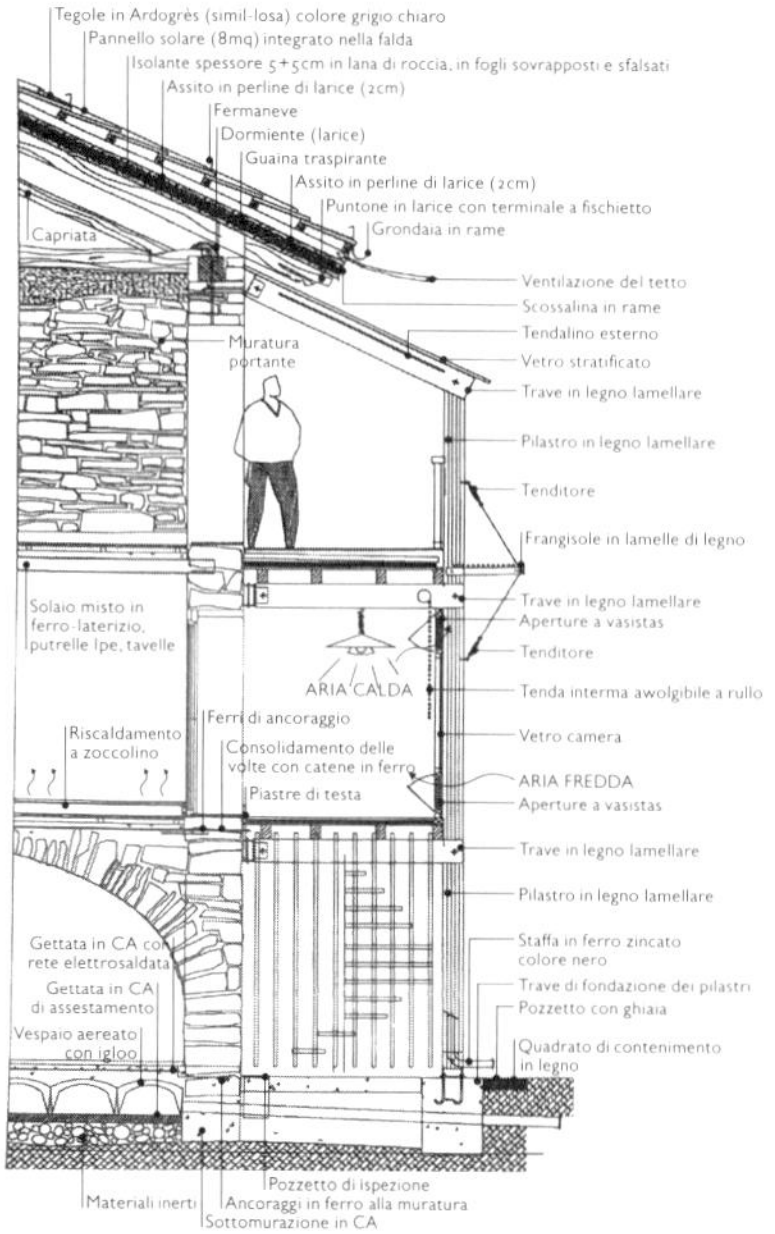

［図55］改修後の建物の南面ファサード部分の断面図

などどこにも存在しないからだ。目標が博物館のようにフォルムを守って保存することであってはならない。目的は、新たな社会的、経済的有用性を生み出し、過疎化した建物、村落に生活が戻ってくるようにすることであるはずだ☆6。

これらの建物に内在する哲学に応えようとすることこそオーセンティックなやり方といえるが、その哲学とは、必要なことだけするということである☆7。

奈良文書によると、オーセンティシティとは、われわれの祖先、そして進化する共同体としてのわれわれが、正しい価値と認めてきたものを確認し、評価し、解釈するところに顕われるとされる☆8。伝統の解釈という意味での新たなオーセンティシティを考えるとき、それを基準に進められる建築遺産の再生作業には、現在の生活にいかなるクオリティを期待し、どれくらい環境を尊重するか次第で、つねにそれ自体が刷新される可能性が含まれている。したがって、こうしたオーセンティックなかたちで改築された建物は、少なくとも外から見るかぎりでは、伝統的な社会や文化のモデルからはかけ離れた外観を持ち、異なる性能を発揮し、今までとは異なる生活様式を受け入れることもありえるのだ。

★3　この建物も山村の建築物の多くと同じで、別の階に行くには建物の外部を通って行っていたのだが、この改修ではじめて内部に一階と二階の間の階段がつくられた。

［図56］改修前の建物の南面ファサードの状態

4 そして今日

アクセスが可能であるとはどういうこと？

ピアン・チェルヴェット
〈トリノ県、ブッソレーノ町〉

・高地にある元ホテル。現在は観光シーズン用の住居として分割所有されている。
・自動車でここまで来られる道はない（かつてはラバの背に乗せて連れてきていた）。
・活動している宿営所は、山道のネットワークの重要な一部である。

宿営所（posti tappa）というものを山歩き客用の宿泊施設（rifugi escursionistici、イタリアではホテルと同格扱い）のカテゴリーに入れていいものか、そのアクセシビリティや標高差から山岳避難所（rifugi alpini、山小屋）と考えるべきか、はっきりしないところがある☆9。

食事を出すことに関しては、規模や立地に関わらず、規則は国中どこでも同じであるが、生鮮食品の補給と冷凍食品の保存設備に関する諸規則が、とくに小規模の施設にはネックになる可能性はある。

規則上、山岳避難所には、バリアフリーに関する規則が適用されることになっているが、数カ所では、身体的に障害のある人がどうやってそこまで来られるのだろうか、というような避難所の内部にバリアフリーが求められている。規則というのは、良かれと思ってのことなのだろうが、その対象となる場所や建物の可能性を奪う危険性を孕んでいる。

昔の山道をハイキングコースとして使おうと思っても、インフラが欠けている（なかでも最も重要なのが宿営所）ために利用が不可能な場合が多い。山が人を呼び、ハイキングやトレッキングに利用されるためには、組織がかりでプロモーションを行い、設備をつくり、つねに手を入れ、山道を通行可能な状態に維持し、宿営所を開けておく必要がある。

山岳避難所や山岳地帯のそのほかの公共の建築物は、それぞれの土地の条件と規則の間の矛盾を解決に導く非常に質の高い実験の機会を与えてくれる。それによって、山岳地帯の多くの建物やテリトリーが障害者にとってもアクセス可能な場所になるだろう。

田舎の地域が活力を持つためには、人々の起業の精神を助け、多様な活動がそこに生まれることを促すと同時に、衛生や建築の規則を再考するほか、環境負荷が最小のスポーツ（山歩き）による観光を振興する必要がある☆10。

［図57］宿営所をつなぐトレッキングコース途中にある標識

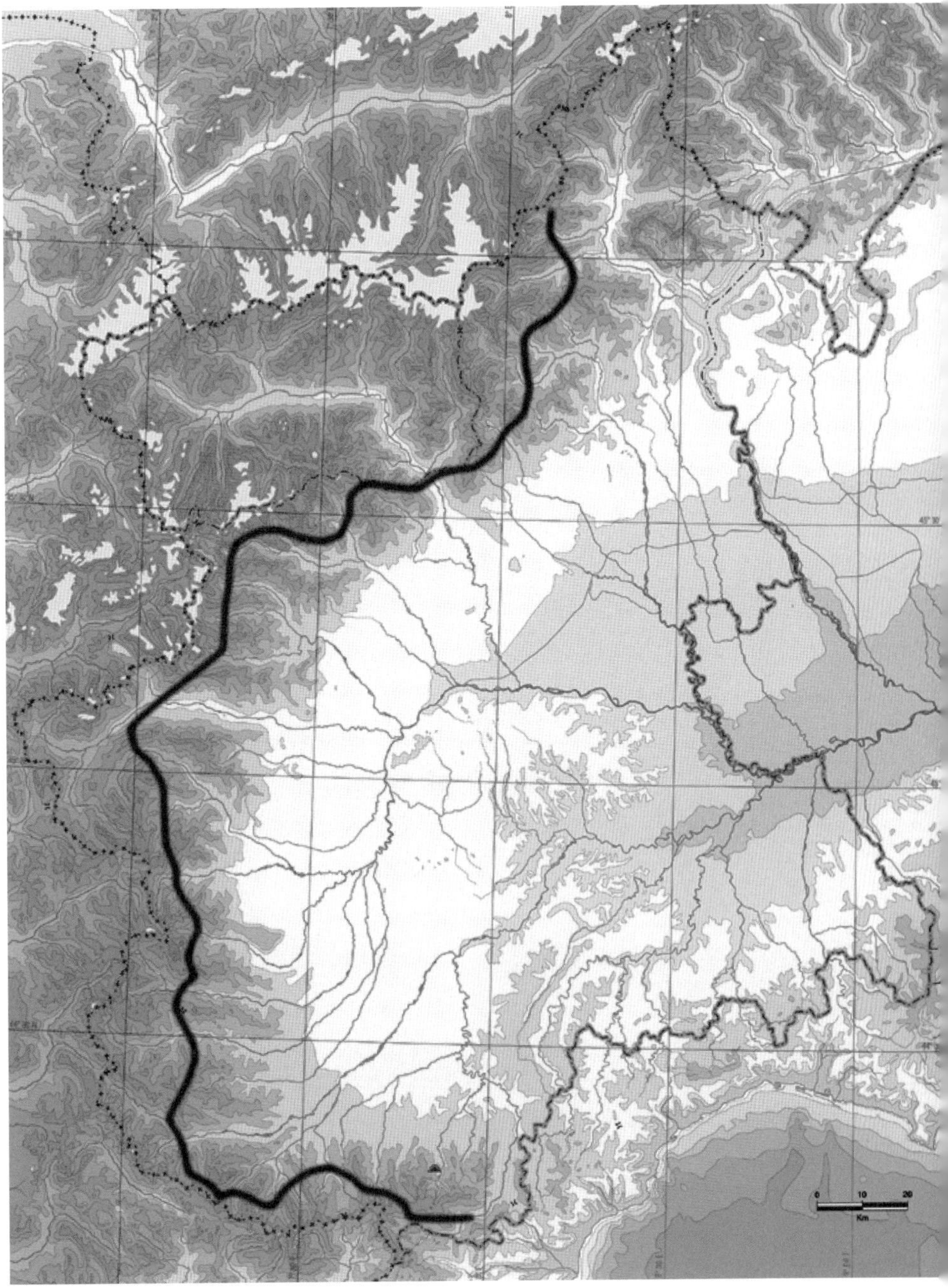

［図58］ピエモンテアルプスをトレッキングするための54カ所の宿営地をつなぐ
GTA（La Grande Traversata delle Alpi［アルプス大横断］）コースの地図

4 そして今日

「本物」がヘリコプターでやってくるとき

トエスカの山小屋
〈トリノ県、ブッソレーノ町〉

・土地の石でつくられた構造壁を持つオリジナルの建物（中央部分）が最初に拡張された際は、オリジナルと同じ工法で行われた（建物の左端部分）。
・山小屋の二回目の拡張工事は、積み石ではなく、レンガの構造にルゼルナ石の不定形な石板を貼るかたちで（見せかけの石壁が）つくられた（建物の右部分）。
・屋根に金属板を使ったのは、正しい選択（軽く、耐久性、機能性にも優れている。過去のフォルムに囚われない優れた選択）である。
・商品化が場所との関係を薄める（土地で拾えば石が手に入るのについ市場に出回っている商品を買ってしまう）。

重量、品揃い、そして加工の種類などが輸送と作業のコストに影響を及ぼす。

ふたつの例：

―トエスカの山小屋（ブッソレーノ町、オルシエラ・ロッチャブレ州立公園内）では、レンガ構造の外壁を覆うために、数十キロも離れた所から相当な費用と労力をかけて、ろくな道もない山の上までルゼルナ石の不定形な石板を輸送してきたわけだが、じつは地元にはほかの石がいくらでもあるのだ。しかもオリジナルの工法は、構造材としての石がそのまま壁をも構成するものであり、この外被材としてだけ石を使う皮相的な方法とは、同じ石造りとはいえまったく異質なものであった。

―過疎化したメゾン村の小学校［図59、60］（ノアスカ市、グランパラディーゾ国立公園内）の屋根の改修には、ヘリコプターで運送されたルゼルナ石の石板（割肌仕上げ）が使われた。

使われた石の特徴が異なるために、オリジナルとは異なる工法が採用されている。地元の片岩質の弱い（つまり薄く割れにくい）石材は、現在市場で手に入りやすいルゼルナの石板よりもサイズがまばらで、やや分厚くなるので、土地の素材でつくっていたら、当然屋根のつくり方、傾斜などもすべて変わってきただろう。

――

機械化された輸送手段（挙げ句はヘリコプターの利用に至る）に頼るということは、それだけでもう、十分な思考の欠如を意

［図59］メゾン村の小学校。屋根はたしかに石葺きだが、土地の石とは異なる性質の石を遠い別の谷から輸送してきて使ったことはまったく評価できない

味する。地元の小規模の石切り場を利用することやその場所で石を拾うということが念頭に浮かばなかったのである。伝統的な建築を保護する規則は、しばしばあまりに融通が利かず、また逆に厳密さにも欠けるために、どんな石でもいいから「石でできた」外壁を押しつけるが、それは、ただ周知の作業で予算を組むためでもあり、結局（中国まで行かないにしても）一〇〇キロも離れた所で採掘された石板を運ぶ羽目になる。こうしてしばしば規則は逆説的な効果を生み出すことになる。

コストはいずれ忘れることができるが、誤った作業結果はそうはいかない。過去の建築の研究から、よりオーセンティックでより豊かな経験を学び取ることは必要であるが、工法の形態に頑固に固執してはいけない。

［図60］メゾン村の小学校の教室。地域の子供全員が学んでいた。
今は社会科見学の場所になっている

4　そして今日

消滅か再生か

ヴァッリエーラ村（ここは無人）
〈クーネオ県、カステルマーニョ村（九〇人）〉

- 再利用と消滅の間で揺らぐ廃屋。
- まだ倒壊していない部分が残っている。
- 侵食が進み、おのずと、また完全に自然に戻っていく可能性がある。

アルプスの山村の人口は、ジャガイモ栽培の導入もあって、一九世紀に頂点に達したが、平野部の産業中心地が約束する仕事と新しいライフスタイルの前に、これらの村はその後急速な過疎化を被ることになる。

過疎村のなかにはもう跡も残さず、物理的にほとんど消滅してしまった所もある。再自然化しつつあるのだ。ほかの多くの過疎村も同じ運命を免れまい。それを食い止める資金もなく、そこまで行くための道もなく、そうするための動機も欠けているからだ。こうした何千という山の過疎村の一つひとつをそれ自身のミュージアムに仕立てることは馬鹿げている。過疎村に関わるということは、「考古学ではなく、未来を考えること」☆11 なのだ。

——

これらの山村は、過疎化したことである意味で自由に使えるようになったわけで、意識的な選択によって、そこに新たに入植する人が出てくる可能性もある☆12。例えば宗教的な理由、あるいはある種の生産活動、教育活動が目的で再入植された村もある。この頁の写真は、ヴィガネッラ村（ヴェルバーノ・クージオ・オッソラ県）のある地区で、一九八一年からスイス、ドイツ系の仏教徒が住み込んで再生された所である。人々の精神性は、（大都市の喧噪と疎外的状況を離れた）一種の「空（くう）」の境地と、場所の美しさによって癒されるのであるが、それがこうした場所にこそある密度の濃い雰囲気のもたらす成果だといえるかもしれない。

山という環境の特性と過疎という条件自体（当時は悲劇であったろうが、今や歴史的事実でしかない）も、入植を妨げる障害とはならず、むしろ新たなライフスタイルにかけがえのない基礎をつくるだけでなく☆13、人生を再スタートするための刺激まで与えてくれる。もちろんそれは、真の挑戦といえる選択ではあるが。

［図61］ヴィガネッラ村。ここには1981年からとある仏教徒のグループが入植している

4 そして今日

一行の法律が共同体の数世紀に渡る慣習を抹殺しうる

ロチャス村〈トリノ県、バルドネッキア町〈三〇〇〇人〉〉

- 相当な厚みのある加工された石の板でつくられた家畜の水飲み桶のある給水所。
- 鉄の帯金で石板を締めてある。1
- 日付の入ったレリーフ（摩耗してしまっている）。2
- 水桶を置く台。3
- 水飲み桶の内側は部分的に石灰で上塗りされている。4

かつて人が住んだ所にはどこにでも、すべての住民に水を配給するための共同体の施設、設備があった。また、水の配給のための場所である給水所（噴水）は、同時に人々の付き合いのための場所にもなった（今日では給水所は過去の遺物であり、もはや各戸に水の届かない生活は考えられない）。以前は、水だけでなく、すべての共同財産（コモンズ）の管理と運用に関して非常に細かい規則体系が数々あったが、その一部は現在にまで残っている。

衛生管理や性能管理という、当然必要な原則に基づくとはいえ、一九九四年のイタリア共和国法令第三六、ガッリ法★4とそれに続く一九九七年のピエモンテ州法第一三は、山岳部の山村についても、営利目的の「単独管理者（運営会社）」に水の配給の運営をすべて任せるように義務づけている☆14。

経済的理由から、「単独管理者」は、山岳地一帯に存在する多数の水源を利用するのではなく、大量の水を数少ない水源から採取しようとする。そしてその水を衛生処理して配給するのだが、その結果、元来安価であったはずの地域資源に住民は高い値段を払わされ☆15、（近くに美味しい湧き水があるのに）遠方から送られてくる塩素処理水を飲まされたうえ、地域共同体の責任と自治のシステムが破壊されることになる。

アルプスの経済において、水源管理の部門ほど外部からこ

［図62］かつてのサルベルトラン村（トリノ県）の古い給水所

こまで直接管理されている部門はほかにないうえ、そこから地元が引き出せる利益はきわめて少ない☆16。自由で責任感のある人々の社会とは、システムに頼る単なるユーザーではなく、〔より自律した生活能力をもつ〕市民といえる人々によって構成されているものである☆17。

★4　表向きは、それまで地域ごとにばらばらでスタンダードのない状態であった水道の運営を統一するため、水源、水道などの運営を大幅に近代化するために施行された法律。

［図63］テュレス村の中心にある八角形の噴水

04

4 そして今日

亡き人々への思い

一九〇四年に雪崩で亡くなった鉱山労働者たちに捧げられた記念碑〈トリノ県、プラジェラート村〉

- 白大理石でつくられた一九〇四年四月一九日の雪崩の犠牲者を悼む記念碑の部分。
- 数字の部分は鉛をハンマーで打ち込んである。この作業は山岳地帯ではできなかったため、平野部にまで注文に出す必要があったため高価だった。

亡き肉親の思い出に白大理石で墓碑を製作して、小さな墓地に立てることが習わしだった。石自体は地元で石灰質片岩のなかの結晶化した層から採取できたかもしれないが、おそらく地元では墓碑をカットすることも加工することもなく、平地部で製作した物を上まで運んだため、費用がかかった。そのため墓碑製作は、山村の人々にとって金銭的にかなりの負担であった☆18。

墓碑や死者を祀る記念碑には宗教的な装飾と文字が彫られ、そこに鉛が埋め込まれた。文字はまず大理石や石に可能なかぎりの正確さをもって彫り込まれた。そしてそれぞれの文字の一画一画の溝の底に小さな孔が穿たれたが、それは鉛をしっかり固定させるためのものであった。次いで準備された溝に直径数ミリ（三―四ミリ）の棒状の鉛が挿入されたのだが、鉛は、木槌で打ち込んで充填された。きわめて慎重に行われたこの作業のために、鉛は溝底の孔にも入り込み、しっかりと定着することになった。打ち込み作業が終わった時点では、鉛の表面は平らではなく、大理石の面よりも盛り上がっていたので、次の作業では、研ぎすまされた木工用の鑿《のみ》で突き出た部分が削ぎ落され、その後に文字部分全面に磨きが加えられた。直後の短い間、文字は光沢を持っていたが、その後艶を失い、薄黒く、濃灰色からほとんど黒に近い色になり、鉛がそこにあることさえ、わからなくなった☆19。

こうして、特別な負担をしてまで墓碑や記念碑が製作されたのは、信仰、死者への敬意、証言を残そうとする意志など、文化的、象徴的、儀礼的な価値観から説明されるものであるが、そうしたことから死者をとても大事にしていたことがわかる。墓地を見ることで、その土地がわかるとも言える。

前頁の写真にある、一九〇四年四月一九日に雪崩で鉱山労働者が犠牲になった事故の記念碑は、おそらく山向こうのジェルマナスカ渓谷のロッカ・ビアンカで採れる白大理石を使って製作されたもので、とくに費用がかかった一例である。

なお、山間部の多くの土地では、第一次世界大戦の戦没者に捧げられた記念碑に載っている死者の数が、現在の住民の人口を上回っている。

［図64］ラヴァル（トリノ県、プラジェラート村）の墓地。
この墓碑の文字も鉛を埋め込んである

IN MEMORIA
DI
CHARRIER GIUSEPPINA
IN GUJOT
D' ANNI 51
E DI
GU OT MARTA
D' ANNI 20
GLI SVENTURATI
SPOSO E PADRE
FIGLIA E SORELLA
I FAMIGLIARI
AFFRANTI POSERO
1928 – 29

原註

1 テリトリーと村落

☆1 Werner Bätzing, *Le Alpi. Una regione unica al centro dell'Europa*, Torino: Bollati Boringhieri, 2005, p. 123.

☆2 ヴェルチェッリ県、ボッチョレート村のピーノ・クッチョラ（Pino Cucciola）の証言による。

☆3 Massimo Centini, *La lésa. Storia e tradizione. L'antico mezzo di trasporto per le mulattiere*, Sant'Ambrogio: Susalibri, 2001.

☆4 トリノ県、ブッソレーノ町のレナート・バール（Renato Bar）の証言による。

☆5 Santino Langé, *L'eredità romanica. Edilizia domestica in pietra dell'Europa occidentale*, Milano: Jaca Book, 1988, p. 22.

☆6 A. Mottura et al., *Movimento naturale della popolazione di Bellino dal 1861 al 1971: prima analisi dei dati*, in *Popolamento e spopolamento di una vallata alpina. Ricerche antropo-ecologiche nell'alta val Varaita e testimonianze di cultura occitana*, supplemento ad *Archivio per l'antropologia e la etnografia*, CVI (1976), s.l.: s.n., [1977], p. 224.

☆7 農生産のデータは、セルジョ・サッコ（Sergio Sacco）とジジ・リケット（Gigi Richetto）の著作（*Bussoleno dall'Unità alla Liberazione. Gli sviluppi della Storia Nazionale e Valsusina riflessi nella microstoria sociale e politica di un paese*, Susa: Tipolito Melli, 1988）による。この時代のデータによれば、小麦の生産量が二四九八ヘクトリットル（＝二〇七トン）、ライ麦が二二七五ヘクトリットル（＝一五八・六トン）、ジャガイモが三三五・六トン、栗が一七八トン、ワインが四二五〇ヘクトリットル、大麦が三九ヘクトリットル（＝二・六トン）、トウモロコシが一九五四ヘクトリットル（＝一三九・九トン）、カラスムギが一八〇ヘクトリットル（＝九トン）、チーズが二トン（牛乳、およびほかの山羊、羊等の乳も含めて）、バターが〇・四トン。

☆8 Pier Paolo Viazzo, *Comunità alpine. Ambiente, popolazione, struttura sociale nelle Alpi dal xvi secolo a oggi*, Bologna: il Mulino, 1990, pp. 369 sgg.

☆9 Luigi Dematteis, *Case contadine nelle Valli Occitane in Italia*, Ivrea: Priuli e Verlucca, 1983, p. 65.

☆10 Dematteis, vco, p. 17.

☆11 Martin Treberspurg, *Neues Bauen mit der Sonne. Ansätze zu einer klimagerechten Architektur*, Wien: Springer, 1999, p. 51

☆12 Langé, p. 18.

☆13 Paolo Scarzella, *Strutture agropastorali del paesaggio tra Piemonte e Savoia*, in Comoli, Very, Fasoli (a cura di), *Le Alpi*, cit., pp. 251–252.

☆14 Marie-Pascale Mallé, *L'habitat du nord des Hautes-Alpes. Patrimoine architectural et mobilier*, Aix-en-Provence: Association pour le Patrimoine de Provence-Société d'études des Hautes-Alpes, 1999, pp. 93–95.

☆15 Serge Latouche, *La scommessa della decrescita*, Milano: Feltrinelli, 2007, p. 12.

☆16 *Ibid.*, p. 78.

☆17 Jean Guibal, "La casa alpina. Variazioni sulla diversità", in *L'Alpe*, XII, giugno 2005, p. 44.

☆18 Langé, *L'eredità romanica*, cit., p. 52.

☆19 *Ibid.*, p. 54

☆20 Mallé, *L'habitat du nord des Hautes-Alpes*, cit., pp. 142–143.

☆21 Langé, p. 48.

☆22 *Ibid.*, p. 54

2　住居と建築技法

☆1　Mallé, *L'habitat du nord des Hautes-Alpes, cit.*, p. 132.

☆2　*Ibid.*, p. 136.

☆3　Albert Demangeon, "L'habitation rurale en France. Essai de classification des principaux types", in *Annales de géographie, XIX*, (1920), septembre, p. 353.

☆4　二〇〇五年、九月二四日にクーネオ県のオスターナで開催されたセミナー「L'architettura come elemento di valorizzazione dei territori montani（山岳地帯の価値評価要素としての建築）」におけるルイジ・ザンジ（Luigi Zanzi）の発言より。

☆5　Paolo Gras, Valerio Tonini, *Le valli di Susa. Il bacino della Dora Riparia*, Torino: Il Capitello, 1991, p. 98.

☆6　Dematteis, *Case contadine, cit.*, p. 21.

☆7　Hervé Dubois, Jean-Pierre Hardy, *Architecture traditionnelle en Haute-Maurienne, in Comoli, Very, Fasoli, Le Alpi, cit.*, pp. 473–474.

☆8　スーザ渓谷の低い所では、建物の大小の差は最大六対一にもなった。Gras, Tonini, *Le valli di Susa, cit.*, p. 225. を参照のこと。

☆9　Jean-Luc Bernard, *Nosto modo*, pp. 86–96.

☆10　*Hautes-Alpes*, pp. 185–187.

☆11　*Ibid.*

☆12　フランス語でpan-de-bois、hourdisと呼ばれるこの技法は、Malléの『L'habitat du nord des Hautes-Alpes』（「1　テリトリーと村落」☆14）のなかで、現在のイタリア―フランス国境を越えてすぐの地域についての記述で紹介されている。

☆13　この点については、トリノ工科大学の素材科学と化学工学科のシモネッタ・パリオリコ（Simonetta Pagliolico）の協力を得た。

☆14　Leon Battista Alberti, *Della architettura, libri dieci*, 1485. カステッラーノ（Castellano）の著作『La casa rurale in Italia』（Milano: Electa, 1986, p. 96）より引用。

☆15　Piercarlo Jorio, *La vita della montagna nei suoi oggetti quotidiani*, Ivrea: Priuli e Verlucca, 1984, p. 83.

☆16　比較対照のためには、Claudine Remacle, Danilo Marco「200 alberi per una casa」（『L'Alpe, XII』giugno 2005, pp. 60–63）を参照のこと。

☆17　Aldo Castellano, *La casa rurale in Italia, cit.*, p. 96.

☆18　Remacle, Marco, "200 alberi…", *cit.*

☆19　Dematteis, *Case contadine, cit.*, p. 48.

☆20　Remacle, Marco, "200 alberi…", *cit.*; Gras, Tonini, *Le valli di Susa, cit.*, pp. 62, 64.

☆21　「現代生活の道具が、専門家集団による独占的管理の下に置かれることなく、集団に属す人々がそれを利用できるような社会を、私はコンヴィヴィアリティの社会と呼ぶ」（邦題『コンヴィヴィアリティのための道具』。ここでは著者が引用した伊訳書、Ivan Illich『La convivialità』［Milano: A. Mondadori, 1974］から直接翻訳した）。

☆22　Mallé, *L'habitat du nord des Hautes-Alpes, cit.*, pp. 61–69.

☆23　「そこでは、穀類を脱穀したり、いくつかの農製品を乾かしたり、シドロを作るためにリンゴを絞ったりしたほか、豚の屠殺から葡萄踏みなど、ありとあらゆる作業が行なわれた。こうした作業場は、時にはより乾燥して風通しの良い場所を求めてテラスの上や周囲を壁で囲われ、大きなアーチのついた扉口やアーキトレーブで入り口を構えた小さい中庭に作られることもあった」（Langé, *L'eredità romanica, cit.*, p. 55）。

☆24　Gras, Tonini, *Le valli di Susa, cit.*, p. 98.

☆25　Bernard, *Nostro modo, cit.*, pp. 99–101; Riportato anche in Id., *Vita e tradizioni di un paese delle Valli Occitane, in Popolamento e spopolamento, cit.*, pp. 64–66.

☆26　Sara Fasana, Maurizio Gomez Serito, "Litotipi locali nel recupero e nella conservazione delle coperture in pietra dell'area alpina occidentale. Valori culturali ambientali, varietà di comportamenti, difficoltà e prospettive d'impiego", in Fabrizio Astrua, Carlo Caldera, Francesco Polverino (a cura di), *Intervenire sul patrimonio edilizio. Cultura e tecnica*, Torino: Celid, 2006, pp. 823 sgg.

☆27　Mallé, *L'habitat du nord des Hautes-Alpes, cit.*, pp. 158–159.

☆28　Castellano, *La casa rurale, cit.*, p. 90.

☆29　Simonis, *Costruire sulle Alpi, cit.*, pp. 80 sg., 87 sg., 93–94.

☆30 Bernard, *Nosto modo, cit.*, pp. 89–96; Riportato anche in Montagnoni, *L'architettura locale, cit.*, pp. 106–114.

☆31 Fasana, Gomez Serito, *Litotipi locali, cit.*

☆32 Edoardo Gellner, *Architettura rurale nelle Dolomiti venete, Cortina d'Ampezzo*, Dolomiti, 1988.

☆33 Luigi Dematteis, *vco*, p. 33.

☆34 Paolo Volorio, "L'architettura ossolana e a Montecrestese: lineamenti per una storia ed evoluzione", in Maurizio Cesprini (coordinamento editoriale), *Censimento degli edifici storici del Comune di Montecrestese* (Quaderni di studio, 2), Associazione Musei dell'Ossola, Domodossola 2012, p. 28.

☆35 Luigi Dematteis, *op. cit.*, p. 14.

☆36 Santino Langé, *op. cit.*, p. 236.

☆37 Paolo Volorio, *op. cit.*, p. 31.

☆38 *Ibid.*

☆39 Viviana Ferrario, "Il destino dei rustici sparsi nelle Alpi Orientali", in Guido Callegari, Antonio De Rossi, Sergio Pace (a cura di), *La valorizzazione del patrimonio alpino*, Venezia: Marsilio, 2006, p. 62.

☆40 Jorio, *La vita della montagna, cit.*, p. 13.

☆41 Bernard, *Nosto modo, cit.*, p. 84.

☆42 エルンスト・フリードリヒ・シューマッハー『スモール イズ ビューティフル 人間中心の経済学』（小島慶三＋酒井懋訳、講談社学術文庫、一九八六）一九八頁。

☆43 Hans Jonas, *Il principio responsabilità. Un'etica per la civiltà tecnologica*, Torino: Einaudi, 1990, p. 254.

☆44 新しいテクノロジー、エネルギーそして環境の研究を担うイタリアの機関ＥＮＥＡの気象アーカイブＤＢＴによる二〇〇二年のモンテクレステーゼ町のデータ。（http: //clisun.casaccia.enea.it/）

☆45 Valter Francescato, Eliseo Antonini, Giustino Mezzalira, *L'energia del legno. Nozioni, concetti e numeri di base*, Torino: Regione Piemonte, 2004. 数値の計算は、学生のロレンツォ・トマッシーニの協力によるものである。採用した計算システムによって石造りの厚い壁の熱容量を数式化するのが極めて困難であったため、ここに出てきた消費エネルギーの数値は実際よりも少し高めである可能性もある。

☆46 Massimo, *L'architettura della val Maira, cit.*

☆47 Emanuele Zaniboni, *Montagne Seu: la comprensione del costruito*（建築学科卒業論文）、Politecnico di Torino, I Facoltà di Architettura, a.a. 2003–04. Edificio in scheda n. 12.

☆48 Simonis, *Costruire sulle Alpi, cit.*, p. 237

☆49 Mallé, *L'habitat du nord des Hautes-Alpes, cit.*, p. 121.

☆50 Stefano Della Torre, "Compatibile, autentico, sostenibile: criteri e suggerimenti per migliorare la qualità degli interventi", in Lucia Aliverti, Marco Leoni, Marta Gnone, *Guida alla manutenzione e al recupero dell'edilizia rurale intelvese*, Milano: Regione Lombardia, s.d., pp. 7–10. を参照のこと。

3 エネルギーと農業

☆1 Francesco Parrini, Leonardo Merlo, Paolo Ferraris, in Bianca Ventura, Lalla Spione, Maria Vittoria Ferrero (a cura di), *Progettualità e problematiche negli insediamenti energetici alimentati con biomassa* (Atti del seminario internazionale), Torino: Regione Piemonte, 1997, p. 122.

☆2 体格によって一頭の牛は一日に約二〇－二五キロの干し草を食べるから、約一立方米の干し草を六－七日かけて食べることになる。（Bernard, *Nosto modo, cit.*, p. 60; riportato anche in Id., *Vita e tradizioni di un paese delle Valli Occitane, in Popolamento e spopolamento, cit.*, p. 54; Mallé, *L'habitat du nord des Hautes-Alpes, cit.*, p. 173.）

☆3 Luca Mercalli, Chiara Sasso, *Le mucche non mangiano cemento. Viaggio tra gli ultimi pastori di Valsusa e l'avanzata del calcestruzzo*, Torino: Società Meteorologica Subalpina, 2004, p. 242.

☆4 Henri Raulin, *Case contadine in Savoia*, Ivrea: Priuli e Verlucca, 1983, p. 45.

☆5 Massimo, *L'architettura della val Maira, cit.*, p. 68.

☆6 Dematteis, *Case contadine, cit.*, p. 52.

☆7 Luigi Sertorio, *Vivere in nicchia e pensare globale*, Torino: Bollati Boringhieri, 2005.

☆8 Ivan Illich, *La convivialità*, cit.

☆9 Alfredo Bini, Laura Scesi, *Geologia applicata*, Milano: CittàStudi, 1992; Antonio Dal Prà, *Lezioni di geologia applicata ai materiali naturali da costruzione*, Padova, 1987; Claudio Montagni, *Materiali per il restauro e la manutenzione*, Torino: UTET, 2000.

☆10　M. Freppaz et al., "I terrazzi a pergola della bassa Valle d'Aosta", in Guglielmo Scaramellini, Mauro Varotto (a cura di), *Paesaggi terrazzati dell'arco alpino*, Atlante, Marsilio, Venezia, 2008, p. 84–87.

☆11　Laura Castagno, Leonardo Mosso (a cura di), *Paesaggio, struttura e storia. Itinerari dell'architettura e del paesaggio nei centri storici della Provincia di Torino: Canavese e Carignanese*, Torino: Provincia di Torino, 1986, p. 30–31.

☆12　*Ibid.*

☆13　Chrisna du Plessis, "Understanding cities as social-ecological systems", in Greg Foliente et al. (editors), *Proceedings of the 2008 World Sustainable Building Conference*, 2008, vol. 2, p. 749–756.

☆14　Scarzella, *Strutture agropastorali*, *cit.*, p. 249.

☆15　Bill Mollison, *Introduzione alla permacultura*, Firenze: Aam Terra Nuova, 2007, p. 36.

☆16　Scarzella, *Strutture agropastorali*, *cit.*, p. 245.

☆17　Bonadio (ARPA Piemonte), contributo alla ricerca DICAS *Culturalp*.

☆18　Bätzing, *Le Alpi*, *cit.*, p. 126.

☆19　Giannozzo Pucci, *Introduzione*, in Mario Incisa della Rocchetta, *La terra è viva. Appunti di scienza contadina per una via italiana all'agricoltura biologica*, Firenze: Libreria Editrice Fiorentina, 1984, p. 91.

☆20　ボッチョレート村のヴァレンティーノ・タペッラ（Valentino Tapella）の証言による。

☆21　Enrico Camanni, *La nuova vita delle Alpi*, Torino: Bollati Boringhieri, 2002, pp. 147, 155.

☆22　Daniele Regis, "Recuperare i luoghi dell'abbandono: riflessioni sui paesaggi delle 'caselle'", in Id. (a cura di), *Turismo nelle Alpi. Temi per un progetto sostenibile nei luoghi dell'abbandono* (Atti del convegno, Mondoví, 29 novembre 2002), Torino: Politecnico di Torino-Celid, 2005, p. 193.

☆23　Bätzing, *Le Alpi*, *cit.*, p. 427.

☆24　エルンスト・フリードリヒ・シューマッハー『スモールイズビューティフル　人間中心の経済学』一四七頁参照。

①人間と生きた自然界との結びつきを保つこと。人間は自然界のごく脆い一部である。

②人間を取り巻く生存環境に人間味を与え、これを気高いものにすること。

③まっとうな生活を営むのに必要な食糧や原料を作り出すこと。

☆25　「人類最初の文化は、物事を完全な形で利用する文化である」。Giorgio Ceragioli, "Qualche provocazione sui contenuti", in Massimo Foti (a cura di), *Tecnologie per lo sviluppo. Note del "gruppo Ceragioli" per una progettazione etica*, Torino: Politecnico di Torino, 2005, p. 70より。

☆26　ボッチョレート村のヴァレンティーノ・タペッラの証言による。

☆27　Bätzing, *Le Alpi*, *cit.*, p. 294.

☆28　サン・ジョリオ（トリノ県）のジョルジョ・アンプリモ（Giorgio Amprimo）の証言による。

☆29　Massimo, *L'architettura della val Maira*, *cit.*, pp. 54 e 67.

☆30　Mallé, *L'habitat du nord des Hautes-Alpes*, *cit.*, pp. 166–169.

☆31　Dematteis, *Case contadine*, *cit.*, p. 55.

☆32　チェシレ・ディ・ブリンス村のある家の描写。L. Petrazzini Levi, *Indagine etnologica in alta Val Varaita: estate 1974*, in *Popolamento e spopolamento*, *cit.*, pp. 94–98.

☆33　Dematteis, "Abitare le Alpi", in *L'Alpe*, XII, giugno 2005, pp. 10–19.

☆34　Norberto Tubi, Maria Pia Silva, *Gli edifici in pietra. Recupero e costruzione: murature solai e coperture*, Napoli: Sistemi Editoriali, 2003.

☆35　Maurizio Pallante, *Un futuro senza luce?*, Roma: Editori Riuniti, 2004, pp. 58–59.

☆36　ボッチョレート村のピノ・クッチョラとヴァレンティーノ・タペッラ、ブッソレーノ町のマリーナ・ジャイ、アンジョリーナ・ペリローロ、ブルーナ・グラナータ、エルダ・グラナータなど何人かから得た情報による。さらに以下の資料も参照のこと。Paolo Laurenti, "L'alimentazione a Pragelato. Anche l'alimentazione ci dice chi siamo", in *Lous Escartoun. Lou vèi Escartoun d'Oulx e da val Cluzoun*, Pinerolo: Alzani, 2002, pp. 319 sgg.

☆37　FAO Food and Nutrition Technical Report series, n.1, *Human Energy Requirements*, Roma: FAO, 2001.

☆38　*Storia economica Cambridge*, Torino: Einaudi, 1978, vol. 5, Edwin Ernest Rich, Charles Henry Wilson (a cura di), *Economia e società in Europa nell'età moderna*, p. 70.

☆39　この数値はFAO Food and Nutrition

Paper n. 77『Food Energy. Methods of Analysis and Conversion Factors』（Roma: FAO, 2003）によるが、逆にGiuseppe Nacci（*Diventa medico di te stesso*, Padova: Editoriale Programma, 2010）やMichele Riefoli（*Mangiar sano e naturale con alimenti vegetali integrali*, Cesena: Macro Edizioni, 2011）らに代表されるように、まったく立場を異にする報告もある。ナッチ（Nacci）によると、成人男性にとってのタンパク質の安全摂取量は一日一〇―二〇グラムないしそれ以下としている。

☆40　Sacco, Richetto, *Bussoleno dall'Unità alla Liberazione, cit.*

4　そして今日

☆1　ミケーレ・ペッレグリーノの証言（Michele Pellegrino, *Elva. Un paese occitano*, Peveragno: Blu Edizioni, 2002, p. 114）によるが、実際、ピエモンテ州とトリノ大学は、現在この聞き取り調査（l'Atlante Toponomastico del Piemonte Montano）をアルトゥーロ・ジェンレ（Arturo Genre）およびロレンツォ・マッソブリオ（Lorenzo Massobrio）の指導の下、村落ごとに行なっている。

☆2　以下資料を参照のこと。Andrea Bocco, "Le borgate, lo spazio pubblico, la dotazione di servizi", in: Mariella Olivier, Patrizia Borsotto (a cura di), *Metodologie per il recupero degli spazi pubblici negli insediamenti storici. Progetto Culturalp: Conoscenza e miglioramento dei centri storici e dei paesaggi culturali nel territorio alpino*, Savigliano: L'Artistica Editrice, 2005, pp. 89–93.

☆3　Langé, p. 48

☆4　*Ibid.*, p. 34

☆5　Franco La Cecla, *Mente locale. Per un'antropologia dell'abitare*, Milano: Elèuthera, 1993.

☆6　Castellano, *La casa rurale, cit.*, p. 268.

☆7　Della Torre, *Compatibile, autentico, sostenibile, cit.*

☆8　「奈良文書」は、オーセンティシティ（真正さ）に関する奈良会議（一九九四年一一月一―六日）において採択された。

☆9　この問題に関わる以下括弧内の諸法は、互いに矛盾し合う部分も多く、また解釈も曖昧な部分がある（Legge Regionale del Piemonte n. 31/1985 e s.m.i.; Decreto Ministeriale 9 aprile 1994; Legge Regionale del Piemonte n. 55/1995; Legge Regionale del Piemonte n. 15/1999.）。

☆10　Daniele Regis, *Recuperare i luoghi dell'abbandono, cit.*, p. 194.

☆11　Rocchetta Ligure（AL）で二〇〇五年九月二日に開催されたシンポジウム"L'architettura e il paesaggio rurale nello sviluppo socioeconomico montano"（「山村の社会経済的発展における田舎の建築と風景」）におけるコッラード・バルベリス（Corrado Barberis）による発言より。

☆12　Enrico Camanni, *La nuova vita delle Alpi, cit.*, p. 130; Anche: «Elvo deou renàise, magaro pa pus abou nosto gent, ma pasienso. Lou mond es per tuchi»: testimonianza tratta da Pellegrino, *Elva, cit.*, p. 119.

☆13　Daniele Regis, "Progettare per un turismo sostenibile", in Id. (a cura di), *Turismo nelle Alpi, cit.*, p. 10.

☆14　一九九四年のガッリ法（三六／一九九四）とそれに続くピエモンテ州法（一三／一九九七）、およびそれらを受けて二〇〇六年に制定された条例一五二／二〇〇六のために、同地区の住民は地元の水を自由に使用する権利を失った。

☆15　水の民営化に反対した政治団体（Paratge）があった。

☆16　Bätzing, *Le Alpi, cit.*, pp. 257 e 265–266., 2004.

☆17　Giuseppe Altamore, *I predoni dell'acqua. Acquedotti, rubinetti, bottiglie: chi guadagna e chi perde*, Cinisello Balsamo: San Paolo

☆18　この点については、トリノ工科大学のDITAG（Dipartimento di Ingegneria del Territorio, dell'Ambiente e delle Geotecnologie）の地質学者であるリッカルド・サンドローネ（Riccardo Sandrone）の示唆を受けた。

☆19　トリノの大理石職人、ラステッリ兄弟に聞いたもの。

写真クレジット

Andrea Bocco Guarneri
カバー、023, 038, 044–045, 072–074, 079,
084–085, 089（5, 6, 10のぞく）、090, 091, 103,
112–113, 116–117, 124–129, 134, 140–141,
143上、150, 151, 156–157, 162, 168–169,
171上右、178, 179, 186–189, 202

Caterina Valenti
040–041上、095右、180–181

Cristóbal Cox
035

Diego Cappellazzo
056–057, 060–063, 096–097, 099

Gianfranco Cavaglià
171上左、182, 183, 191–193, 195

Giorgio Amprimo
030

Giorgio Perino + Caterina Valenti
167

Marco Mazzà
028–029, 032–033, 051–053, 064–065,
076–077, 082, 087上・下、098, 102,
120–121, 132–133, 144–145, 152–153,
160–161, 184–185

Marco Mazzà + Valeria Rossetti
089（6）

Monica de Silvestro
174, 175

Valeria Rossetti
024–025, 036–037, 040–041中・下、048–049,
054右、068–069, 080–081, 089（5, 10）、
092–093, 100, 104–105, 108–109, 136–137,
139, 148–149, 171下, 172–173, 176–177

出典・提供

adottaunterrazzamento.org　131
gaetanolopresti.wordpress.com　027
palent.it　143下
parchialpicozie.it　190
pentoledicristallo.com/　163
IGM　164左
Foto d'Archivio da Jean-Luc Bernard　158
Fondazione Sella　087下
Archivio di Stato di Torino　118, 164右
Regione Piemonte　165
Luigi Dematteis　031, 159

編訳者解説

多木陽介

日本語版について

本書はAndrea Bocco, Gianfranco Cavaglià, *Flessibile come di pietra — Tattiche di sopravvivenza e pratiche di costruzione nei villaggi montani*, Torino, CELID, 2008. を日本向けに著者とともにかなりの加筆修正を施した後に翻訳されたもので、原著のそのままの翻訳というよりは、内容の核心は変わらないものの、まったく新しく編み直した一冊と言ってもいいものである。編集側の意向もあって、原著では観察の記述的部分と混じっていた省察的部分を分けて取り出すべく本文を全面的に書き直してもらった。さらにトリノ人というのは、イタリア人のなかではきわめて控えめで、言いたいこともあからさまに吐き出したりせず、言外にほのめかすくらいを優雅だとする傾向があって、やや言い足りなさを感じる部分があったのだが、異なる文化圏の読者にとっては、「言外」はまったく読み取れない可能性もあり、そのあたりを明確に表明してもらう作業も施された。その後、デザイナーの白井敬尚氏も含め、編集スタッフの多大な努力もあって、量的にも質的にも原著より充実した内容をもった書物になったと思っている。

著者について

トリノ工業大学の建築技術専攻で教鞭を執る著者のふたり

は、訳者が公私に渡り長年深いつきあいをしてきた友人であり、建築だけではなく、世界について、また現代文明批判の姿勢において、おおいに共感することのできる両名である。

ジャンフランコ・カヴァリア教授は、教員として以上に非常に優れた建築家で、アキッレ・カスティリオーニとの長年にわたる協働関係も有名だが、トリノ市の重要な都市計画的プロジェクトもずいぶんこなしてきているほか、展覧会の会場構成の経験も豊かで、その面でも訳者はご一緒したことがある。

アンドレア・ボッコ准教授は、バーナード・ルドフスキーの世界的な研究者であるほか、グリーン・アーキテクチャーの技術に非常にくわしいうえに、社会運動家として著名で、トリノのポルタ・ヌオーヴァ駅の近くのサン・サルヴァリオという地区に「地区改善事務所」という、いわばまちづくり事務所のようなものをもう十数年前に発足させて、暴力的な建設事業ではなく、マルチ・エスニックな同地域内の人間関係を構築することを軸に、未来を視野に入れ、上からではなく下からのソフトなまちづくりという、当時のイタリアではまだ新しかった方法論を推進してきた人物である。

私自身、このふたりにはずいぶんいろいろ教えてもらいながらこの数年自分の研究を進めてきたが、そういう彼らの著作がこのほど鹿島出版会から日本語で刊行されることは、日本で建築やまちづくりをはじめ、人間の生活環境づくりに関わるあらゆる人たちにとり、とても意義のあることだと思う。

過疎村の考古学

この著作は、ある意味でじつに奇妙な体裁をとる。イタリアはトリノから近いアルプスの過疎化した山村の廃墟や、忘れられて今や通る人もいない山道をつくってきた技術や素材をじつに慎重かつ詳細に解読しながら、つまり、「死んだ場所」でそれらがかつて生きていた時代の証拠物を克明に分析しながら、そこからわれわれの将来にとって有効な「生き生きとした知性」を読み取っていくのだ。彼らの序文でもそこまで明快には述べられていないが、実際に彼らのやった作業とは、まさに過疎村の検死解剖というか、考古学的発掘作業とでもいえる作業なのだ。もちろん、ただ死因を解明するのが目的ではなく、むしろ、そうした村が繁栄していた時代にどういう優れた知性と技術が存在していたか、それを掘り起こしてくれるのだ。

しかし、過去の知性を現在も維持されている山村から読み取るならばまだしも、過疎化し崩れかけた山村の「死体」から読み解いていくところは驚きである。考古学者ないし探偵顔負けの注意力を働かせ、現場で拾い上げた小さな手掛かりや地元の人々の語りを通じて、かつてそこに生きていた技術や機能とその意味をありありと浮き彫りにしていく手並みはじつに見事である。

日本ではアルプスというと、登山やスキー場としてしか認識がないかもしれないが、本書はアルプスという場所に対する多くの人の固定観念を完全に刷新してくれるだろう。読んでいくと、かつてはそこが、まさに日本で言う里山であったことが見えてくるのだ。山岳地帯に住む人々は極限的な生活環境に適応するための数々の技術を編み出すと同時に、環境自体をきわめてバランスよく繊細なかたちで人間化しながら維持していたのである。そこは、つねに手入れされ、管理されるべき、垂直な庭のような場所だったと言ってもよい。山はそこでは自然だけの造作ではない。まさに人間と自然の共同作品としての建築というか、風景というか、そういうものとして、アルプスの山は生きられていた。人間と自然がまさに一体となって持続することを可能にする知恵や技術が存在していたのだ。ただ、アルプスでは人間化された風景のほうが、放置された風景よりも生物多様性に富んだ場所を生み出していたという事実には、さすがに驚かされた。

そこで生み出される建築は、すべて土地の素材でつくられ、それらの素材の性質に沿って特殊な技術が育まれ、環境と技術の微妙なバランスのなかでそのフォルムが決まってきた。これらの建築はまるで大地から生えてきたように見える。自然と建築が切り離されていない。これは、近代において決定的に喪失されてしまったきわめて根本的な条件である。

そのような文字通りヴァナキュラーな建設技術にはじまり、環境資源をフルに、また徹底的に持続可能なかたちで活用する慣習（山村ではゴミが出ない等）、耕作地と住宅地の割合の厳しい制御（生の糧を生み出すのが難しい環境では耕地は絶対に潰すことが許されなかった）、結婚率、出生率の自動的調整など、今の都市生活者にはおよそ想像もつかないような多様で洗練された生存の技術と調整機能がそこには働いていた。そうした知と技術の事例が数多並びながら、緩やかなヴァリエーションを奏でていく、それが本書の姿である。

現代の視点からの解釈作業

環境破壊がようやく声高に糾弾され、一般の意識のなかにエコロジー、サステイナビリティといった言葉が根付くようになったこの時代、そして未来に向けて、本書は、人間と自然の共存はけっして抽象的な夢ではなく、自分たちの過去がすでにその技術と知識を豊かに持っていたことを教えてくれる。土地の現実を記述しただけのよくある郷土研究とは違って、現実の具体的な記述に留まることなく、そこで見出された事例を現代の視点から解釈し直し、そこに「未来に向けての生活（もの）づくりの指針」として必要な価値と意味を鋭く読み取るのだ。その意味で本書はこれからの人類の生き方のデザインに必須の基礎知識のカタログと言える。本書各項の題名の多くがそうしたポイントを掴んだ言葉である。「環境のあるがままのかたちに従う」「場所への融合」「手に入るものでやりくりする知恵と技術」「シェアリングとコンヴィヴィアリティ」「理解可能なテクノロジー」「環境の徹底利用」「次世代への投資」「忠実さのなかの偽り、つくりかえのなかの真正さ」などという言葉は、どれもそのままこれからの人間と自然の共生や社会生活のサステイナビリティのための重要なキーワードとして通用しそうなものばかりである。

この解釈力が、イタリアの建築家の伝統的な特徴のひとつである。それはなぜ可能かというと、巻頭言を寄せたオルトレーヴァ氏はそこに人類学的な知の存在を読み取るようだが、私の観点から言うと、建築技術専攻のプロでありながら、両者ともに深い人文的教養を備えているからである。ただの技術屋であったら、こうした価値を批評的に読み取る解釈作業はできない。しかも単に科学的分析力ではなく、そこには人間性や社会性などにおける是非を問う倫理的思考が働いている。近年に至るまで、イタリアでは普通科高校を通してこの人文的教養が、日本の大学と同じくらいのレベルで行われていた。どんな専門に身を投じる前にも、まず、幅広く人間としての教養を身につけていたのだ。日本の建築家教育のなかにこの要素はほとんど想定されてないが、日本では、建築家にかぎらず、専門技術をもって社会の一線で活躍する「専門家」に、社会的倫理的思考の基礎となる人文的教養が授与される場が欠けている。だが、この思考、つまり真に批評的な思考が欠けていては、本当に自らの仕事の意味を判断することもできないはずなのだ。

生々流転を受け入れる

さらにとくに興味深く思ったのは、彼らがただ伝統世界の知の盲目的な擁護者ではないということである。例えば、山小屋の修復において近視眼的な法規はただ「建築外被を石張りでつくること」を求めながら、どこのどの石をどういうかたちで使えとは指定していないため、遠方からヘリコプターで別の地域の石を運ぶという不条理な事態を引き起こしてしまう（一八〇頁参照）が、逆に九六頁の「時の流れのなかで変わってもいいじゃないか」というタイトルが象徴するように、あらゆる次元でこれらの村落が繁栄した当時とは状況の変わっている現代において、ただ過去の外見を頑に保存することに著者たちは何の価値も認めない。正しいと判断できる場合には、変化を積極的に受け入れるのだ。

こうも言える。建築のような歴史的事象すら、すべてを生命のように扱うのだ。じつはこれが本当のエコロジー的思考の基本でもある。生きとし生けるものに不変なものはない。すべてが流れ、そして変化していく。逆にある時点のフォルムを固定しようとすると、歴史のなかに流れる生命の流れをせき止めることになり、やがて、そこには死が訪れる（近代の建築はこの変化やエントロピーを受け入れることをやめてしまった）。保全を目的とした多くの法規が逆に山村から生命を奪っていった様子が本書でも語られるが、フォルムと生命の関係は、つねに流動的に扱われるべきものである。

私自身は、この数年ある伝統芸能の様式化されたフォルムと創造力の関係を実験的舞台やワークショップを通して探求してきたが、そこでもフォルムへの盲目的偏愛がその演劇形態から生命力を奪っていったことが歴史的事実として解明されてきた。フォルムなしには生命は発現できないが、フォルムを固定しよう（変化を拒もう）とした途端、生命の流れを阻んでしまう。これは、人間と環境の関係の根源にあるきわめてデリケートな問題である。そのような根源的視線をもって、著者たちは山村を眺めていた。

歴史の瓦礫のなかに飛び降りて

そしてもうひとつ共感を呼ぶ点は、彼らがひたすら徒歩で歩き回りながら、自分たちの目で直接観察し、手を汚し、話を聞きながら、この研究を進めたことである。オルトレーヴァ氏も彼らがフィールドにおりていったことに注目しているが、現実の現象をまさにその視線で経験、検証していく姿勢が今こそ求められている。近代文明はこの一〇〇年、先進技術や抽象的思考とともに、世界を高みから眺めることに現《うつつ》を抜かしてきたといえる。近代文明の本質的隠喩ともいえるこの鳥瞰的視線は、じつによく全体を把握するものの、逆に現実世界から遠のいた分、人間や自然の息づかいや手触りをもった生命の本質から遠ざかってしまった。

本書でも一六四—一六七頁にじつに興味深い古今の地図の比較が出てくるが、最新技術による衛星写真やそれをもとにした地図の場合、じつは木の茂みがあるだけでその下の小径が写し取れないだけでなく、昔、現地を歩き回って描かれていた地図に含まれていた経験というナラティヴな要素が決定的に欠けているから、正確無比に見えてじつはきわめて貧しい地図なのである。逆に、カヴァリア、ボッコ両氏は、現場の無数のディテールのなかに身を投じ、対象に近寄って目や手で触れながらこの書物を書いたのである。現場での観察は当たり前と思われるかもしれないが、現代の建築家によるこの身ぶりには歴史的価値がある。それは、廃墟を空から見つめていたベンヤミンの歴史の天使（『歴史哲学テーゼ』）が、上空で進歩という強風に吹き飛ばされ続けるのをやめて、瓦礫のなかに降りてきたようなものだといってもいい。そう、ふたりの著者は、二一世紀初頭という歴史の舞台においてまさに脱天使的な降下を遂げ、山村（実際これこそ近代という歴史の瓦礫だ）のなかを歩き回りながら思考を展開していったのだ。そして、じつは、この現実という歴史の瓦礫のなかへの「降下」という身ぶりこそ、これからの時代において研究し、創造する人々にとり、最も必要な基本態度なのである。われわれはもう一度世界を、人間を、そして生命をしっかりとした手触りとともに把握し直さねばならない時代にきているのだ。

　東日本大震災の後、《みんなの家》をつくった伊東豊雄氏に伺った話もこの確信を裏付けてくれた。彼の言葉を私なりに解釈すると以下のようになる。「建築家はもう神のように高みから模型だけを眺めていてはいけない。建築家の衣を脱いで（つまり瓦礫のまっただなかに着陸し）人々に寄り添い、その悲しみと真摯に向き合うためには、もうあの近代的な視線をもった〝建築家〟は続けていられなくなったのだ」。彼の経験したこの認識論的な変化は、震災後という特殊な状況への反応というだけでなく、本書の著者らのそれとも共通する、まさに二一世紀の建築家、いや、二一世紀の創造する人間すべてに求められる新しい歴史的姿勢を発見する経験だったといえるだろう。

「地球的創造力」への指針

近年、環境破壊が進み、社会的格差が頂点に達し、精神的にも人々が深く病むようになってきた先進国の文明の破綻は、もはや自明の理といえるほどだが、それと同時に、多様な分野で並行して起こりつつあるパラダイムシフトのなかで生まれてきた新しい職能（あるいは伝統的な職能の新たな姿）に私は関心を集中させてきた。そうした職能はじつに多様な分野に見られるのだが、それらは、いずれも、エコロジー、デモクラシー、そしてポエジー（芸術一般）のどれかに関わっているようだった。しかも、分野の違いにもかかわらず、彼らの間には世界観、方法論などにおいてかなりの共通性があった。その後フェリックス・ガタリの著作『三つのエコロジー』（平凡社、二〇〇八、原著＝一九八九）を通して気づいたのだが、エコロジー、デモクラシー、ポエジーとは、じつは自然環境、社会環境、精神環境という三つの異なる次元におけるエコロジーにほかならず、要するにこの三つが互いに緊密な関係を持ったまま、地球上の多次元、多分野において同時に進行していたのだ。

　私はこうした新しい職能の主体たちすべてを「優しき生の耕人」と呼び、自然環境にも社会環境にも精神環境にも適用できるような彼らに共通の詩学を仮に「地球的創造力」（地球のための創造力）としながらその特徴を研究しているのだが、その裏には、一九七〇年代以来エルンスト・フリードリッヒ・シューマッハーやイヴァン・イリイチが指摘してきたように、近代文明の創造（生産）力とカタストロフィがじつは表裏一体の関係にあるという認識がある。逆に言うと「優しき生の耕人」たちとは、カタストロフィを生み出さずにすむ創造力を発揮する人々だが、その第一歩目は、ほぼ全員にとって上記の「降下」行為であった。こうして「優しき生の耕人」たちは、全員が歴史の大地に裸足でしっかり降り立っている。

カヴァリア、ボッコの両氏がアルプスの山村に見出そうとしたのも、極言すればこの「カタストロフィを生み出さずにすむ創造力」であり、この研究を進める彼ら自身もまさに「優しき生の耕人」たちである。ここまできて本書の取ろうとする歴史的立場も明瞭になっただろう。彼らは、世界を高みから見渡す視力を失うことなく保持しながらも、あえて歴史の瓦礫のただなかに身を投じ、フィールドでこれから来るべき創造作業の指針として「カタストロフィを生み出さずにすむ創造力」を探し求めたのだ。これからの世界で生活環境の改善に寄与しようとするすべての人々への指針として。しかも、かつてイリイチらの思想の種を待っていたのが聞く耳を持たない不毛な時代であったのと違い、今や土壌は遥かに肥沃になっている。「優しき生の耕人」たちが育つ可能性は大いにある。本書を手に取る読者たちのなかにひとりでもこの姿勢から刺激を受けとる人が出てきてくれることを願っている。

著訳者

著者

アンドレア・ボッコ

Andrea Bocco

建築家、トリノ工科大学建築学科建築技術専攻准教授

一九六六年生まれ。建築家ではあるが、むしろ社会運動家、そして批評家として活躍する。大学院生だった一九九四年より、地域生活の再生に関わる問題に取り組み、トリノのポルタ・ヌオーヴァ駅に隣接し、大量の外国人移民の流入のために危機的状況を招いたサン・サルヴァリオ地区に「サン・サルヴァリオ地区発展事務所」を創設し、長年ディレクターを務めた。幅広い執筆活動の主題は、バーナード・ルドフスキー、施行技術、とくに自然素材を使ったローテク技術の分析、建築におけるサステイナビリティ、山村再生など。

ジャンフランコ・カヴァリア

Gianfranco Cavaglià

建築家、トリノ工科大学建築学科建築技術専攻教授

一九四五年生まれ。プレハブの研究、建築の産業化、発展途上国における住宅の問題等の研究に携わったほか、建築の用語と写真を結びつけ、建築的遺産およびそれに関わる言語学的遺産の保存を司る検索エンジン「ArchiWordNet」をトレント研究所と共同で開発している。建築家として数々の住宅作品のほか、トリノ市の依頼による多数の都市計画的プロジェクトや、一九七二年以降約三〇年間に渡り、デザイン、建築、展覧会の会場構成など多数のプロジェクトにおいてアキッレ・カスティリオーニと協働した業績も著名である。

編訳者

多木陽介

たき・ようすけ

演出家、アーティスト、批評家

一九六二年生まれ。一九八八年に渡伊、現在ローマ在住。演劇活動や写真を中心にした展覧会を各地で催す経験を経て、現在は多様な次元の環境（自然環境、社会環境、個人の精神環境）においてエコロジーを進める人々を扱った研究を展開。芸術活動、文化的主題の展覧会のキュレーションおよびデザイン、講演、そして批評と多様な方法で、生命をすべての中心においた人間の活動の哲学を探究する。著書に『アキッレ・カスティリオーニ――自由の探求としてのデザイン』（AXIS、二〇〇七）、訳書にプリーモ・レーヴィ著『プリーモ・レーヴィは語る――言葉・記憶・希望』（青土社、二〇〇二）などがある。

石造《いしづく》りのように柔軟《じゅうなん》な
北《きた》イタリア山村《さんそん》地帯《ちたい》の建築《けんちく》技術《ぎじゅつ》と生活《せいかつ》の戦略《せんりゃく》

二〇一五年四月二〇日　第一刷発行

著者
アンドレア・ボッコ
ジャンフランコ・カヴァリア

訳者
多木陽介

発行者
坪内文生

発行所
鹿島出版会
〒一〇四—〇〇二八　東京都中央区八重洲二—五—一四
電話　〇三—六二〇二—五二〇〇
振替　〇〇一六〇—二—一八〇八八三

編集・DTPオペレーション
飯尾次郎、出原日向子（speelplaats co., ltd.）

ブックデザイン
白井敬尚、加藤雄一、江川拓未（白井敬尚形成事務所）

印刷・製本
三美印刷

ISBN 978-4-306-04621-4 C3052

本書の内容に関するご意見・ご感想は下記までお寄せ下さい。
URL: http://www.kajima-publishing.co.jp
e-mail: info@kajima-publishing.co.jp